Droit des sociétés

François Lenglart
Professeur émérite au Département Droit d'HEC Paris, ancien avocat au Barreau de Paris et ancien juge au Tribunal mixte de commerce de Nouméa
Pierre Tcherkessoff
Doyen de la Faculté de sciences sociales, d'économie et de droit de l'Institut Catholique de Paris.
Maître de Conférences en droit privé.

5e édition

hachette
SUPÉRIEUR

LES FONDAMENTAUX

LA BIBLIOTHÈQUE DE L'ÉTUDIANT

Dans la même collection : Droit, Politique

7 *Les Institutions de la Vᵉ République* (Ph. Ardant, S.-L. Formery)
9 *La Fiscalité en France* (P. Beltrame)
12 *Introduction à la science politique* (J.-M. Denquin)
17 *La Constitution commentée, article par article* (S.-L. Formery)
19 *Les Collectivités territoriales en France* (E. Vital-Durand)
34 *Philosophie politique / 1. Individu et société* (M. Terestchenko)
46 *Droit administratif* (J.-C. Ricci, F. Lombard)
47 *Mémento de la jurisprudence administrative* (J.-C. Ricci)
86 *Droits fondamentaux et libertés publiques* (J.-M. Pontier)
110 *Histoire des grands courants de la pensée politique* (J.-J. Raynal)
121 *Droit des sociétés* (François Lenglart, Pierre Tcherkessoff)
129 *Droit du travail* (M. Le Bihan-Guénolé)
131 *Mémento de la jurisprudence du droit international public* (B. Tchikaya)
132 *Droit pénal général* (P. Canin)
137 *Droit des entreprises en difficulté* (J. Bonnard)
144 *Droit commercial* (P. Canin)
146 *Méthodes de travail de l'étudiant en droit* (J. Bonnard)
147 *Droit public économique* (J.-P. Valette)
148 *Droit civil/Les obligations* (P. Canin)
156 *Droit civil/Les biens* (R. Desgorces)
164 *Droit constitutionnel* (P. Blachèr)
178 *Mémento de la jurisprudence – Jurisprudence de la cour européenne des droits de l'homme* (Y. Lécuyer)
179 *Droits et Libertés constitutionnels* (P. Blachèr, J.-É. Gicquel, P. Jan)
180 *La QPC* (M. Verpeaux)
181 Droit budgétaire – *Comptabilité publique* (D. Catteau)
182 *Les 7 principes du droit pénal* (Y. Jeanclos)
190 *La Preuve au cœur de la justice pénale* (Y. Jeanclos)
191 *Droit pénal des affaires et* compliance (P. Tcherkessoff, G. Leroy)

Couverture : Stéphanie Benoit
Mise en page : IDT
Édition : Fabrice Pinel, Barbara Jung

Les auteurs et l'éditeur tiennent à remercier Pauline Gaillard pour sa précieuse relecture.

www.parascolaire.hachette-education.com

ISBN : 978-2-01-719681-5

Table des matières

Sigles et abréviations utilisés

ABS : Abus de biens sociaux
AG : Assemblée générale
al. : Alinéa (paragraphe)
AMF : Autorité des marchés financiers
art. : Article
BIC : Bénéfices industriels et commerciaux
BODACC : *Bulletin officiel des annonces civiles et commerciales*
BSPCE : Bons de souscription de parts de créateurs d'entreprise
Bull. : *Bulletin*
C. ass. : Cour d'assises
C. cass. : Cour de cassation
C. civ. : Code civil
C. com. : Code de commerce
C. mon. fin. : Code monétaire et financier
C. pénal : Code pénal
C. pr. civ. : Code de procédure civile
C. trav. : Code du travail
CA : Cour d'appel
CAC : Commissaire aux comptes
Cass. com. : Chambre commerciale, financière et économique de la Cour de cassation française
Cass. crim. : Chambre criminelle de la Cour de cassation française
Cass. civ. : Chambre civile de la Cour de cassation française
Cass. soc. : Chambre sociale de la Cour de cassation française
CE : Comité d'entreprise
CFE : Centre de formalités des entreprises
CGI : Code général des impôts
ch. : Chambre
civ. : Civil(e)
CJUE : Cour de justice des Communautés européennes (ex-CJCE)
CS : Conseil de surveillance
CSE : Comité social et économique (ex-CE)
DPS : Droit préférentiel de souscription
EARL : Exploitation agricole à responsabilité limitée
EIRL : Entrepreneur individuel à responsabilité limitée
ETP : Équivalent temps plein
EURL : Entreprise unipersonnelle à responsabilité limitée

GAEC :	Groupement agricole d'exploitation en commun
GEIE :	Groupement d'intérêt économique européen
GIE :	Groupement d'intérêt économique
GmbH :	*Gesellschaft mit beschränkter Haftung* (SARL)
INSEE :	Institut national de la statistique et des études économiques
IPO :	*Initial Public Offering* (Introduction en bourse)
IR :	Impôt sur le revenu
IS :	Impôt sur les sociétés
JAL :	Journal des annonces légales
JCP-E :	*La semaine juridique, édition entreprise*
JO :	*Journal officiel*
Ord. :	Ordonnance
PACTE :	Plan d'action pour la croissance et la transformation des entreprises (loi)
PEE :	Plan d'épargne d'entreprise
PEI :	Plan d'épargne interentreprises
PERCO :	Plan d'épargne pour la retraite collectif
RCS :	Registre du commerce et des sociétés
SA :	Société anonyme
SARL :	Société à responsabilité limitée
SAS :	Société par actions simplifiée
SASU :	Société par actions simplifiée unipersonnelle
SC :	Société en commandite
SCA :	Société en commandite par actions
SCI :	Société civile immobilière
SCP :	Société civile professionnelle
SCS :	Société en commandite simple
SDR :	Société de développement régional
SE :	Société européenne
SEL :	Société d'exercice libéral
SICAV :	Société d'investissement à capital variable
SLP :	Société de libre partenariat
SNC :	Société en nom collectif
SPFPL :	Société de participations financières de profession libérale
sq. :	Suivant
sqq. :	Suivants
TJ :	Tribunal judiciaire
TPE/PME :	Très petites entreprises / Petites et moyennes entreprises
TUP :	Transmission universelle de patrimoine
UES :	Unité économique et sociale

1 chapitre

Formes de l'entreprise et fondement des sociétés

▶ Traditionnellement, **pour les juristes**, l'entreprise est une organisation dont l'objet est de pourvoir à la production, à l'échange ou à la circulation des biens et des services. Elle est l'unité économique et juridique dans laquelle sont groupés et coordonnés les facteurs humains et matériels de l'activité économique. En revanche, **pour les économistes**, la définition renvoie à une autre logique : l'entreprise est présentée comme une organisation caractérisée par sa hiérarchisation et son fonctionnement comme système.

▶ Le droit des sociétés est une composante essentielle de la vie de l'entreprise, à laquelle il offre des possibilités de se structurer et de mener, dans les meilleures conditions, un projet économique. Il régit les différentes étapes de la vie des sociétés et les différents aspects des relations entre les acteurs de leur fonctionnement. Dans le langage commun, les termes *société* et *entreprise* sont très souvent confondus. Pourtant, ces mots renvoient à des réalités différentes. Pour exister juridiquement et se développer sur le plan légal, l'entreprise doit opter pour l'une des formes juridiques prévues. Ainsi, on distingue classiquement **l'entreprise individuelle** et **la société**.

I. L'entreprise individuelle et la société

A– Ce qui distingue les deux notions

1. L'entreprise individuelle

▶ L'entreprise individuelle est celle de la **personne physique**, qu'elle soit commerçante ou non (artisan, agriculteur, membre d'une profession libérale), les deux poursuivant la même finalité économique de gain. Dans ce cas, elle constitue un élément du patrimoine de cette personne, dotée par nature de la personnalité juridique.

▶ Les activités commerciales peuvent être exercées par un **commerçant individuel**. Il est soumis à certaines obligations et conclut des actes de commerce, notamment des contrats commerciaux, en utilisant, le cas échéant, des effets de commerce. Dans ce cas, ce commerçant est le propriétaire exclusif de son fonds de commerce. L'entreprise réunit **non seulement le fonds de commerce**, sans lequel elle ne peut exister, **mais aussi des biens traditionnellement exclus du fonds de commerce**, comme les immeubles dont elle a la propriété et qui sont indispensables à l'exploitation, ses créances, ses dettes et ses contrats. Dans le cas contraire, il exercera ses activités sous forme de société.

2. La société

▶ La société est non seulement la **forme naturelle du groupement commercial**, mais aussi et surtout une structure d'accueil et une technique juridique d'organisation de l'entreprise.

▶ La « société » est un **concept riche, ancien et complexe**. Sous l'Ancien Droit, elle était déjà définie d'une façon très proche de la notion actuelle : « *La société est une convention entre plusieurs personnes par laquelle ils* [sic] *mettent en commun quelque chose pour avoir part également ou inégalement au profit ou à la perte qui en arrivera, et elle sera par écrit et enregistrée au Greffe des lieux si elle est entre marchands* » (Coutume de Bretagne, 1702).

▶ On retrouvera ces notions dans la définition de la société qui est donnée, un siècle plus tard, dans l'article 1832 du Code civil : « *La société est instituée par deux ou plusieurs personnes qui conviennent par un contrat d'affecter à une entreprise commune des biens ou leur industrie en vue de partager le bénéfice ou de profiter de l'économie qui pourra en résulter. Elle peut être instituée, dans les cas prévus par la loi, par l'acte de volonté d'une seule personne. Les associés s'engagent à contribuer aux pertes.* »

▶ Le mot « **société** » revêt alors un double sens, puisqu'il désigne à la fois un contrat et une personne :

- Le « **contrat** » est celui par lequel les associés conviennent, selon les termes de l'article 1832 du Code civil, « *d'affecter à une entreprise commune des biens ou leur industrie en vue de partager le bénéfice ou de profiter de l'économie qui pourra en résulter* ».
- La « **personne** » est constituée par le groupement lui-même auquel le droit reconnaît, sous condition d'immatriculation au Registre du commerce et des sociétés

(RCS), la personnalité juridique : la personne morale de la société est un acteur de la vie juridique, sujet de droits et d'obligations.

▸ Mais **ces deux aspects de la société peuvent se rencontrer séparément**. Il y a des sociétés qui n'ont pas la personnalité morale, et certaines sociétés sont constituées par un seul associé. Dans ce second cas, la société n'est plus alors un groupement de personnes mais seulement un groupement de biens ; elle n'est plus fondée sur un contrat mais sur un acte unilatéral de volonté.

▸ La première source de droit applicable aux sociétés est constituée des articles 1832 à 1873 du Code civil, et **réside dans les dispositions contenues dans le Titre neuvième, intitulé « De la société », du Livre III du Code civil.** Ce Titre est divisé en 3 chapitres :

- Le chapitre I (articles 1832 à 1844-17) contient les dispositions applicables à toutes les sociétés, dès lors qu'il n'en est pas disposé autrement par la loi. Il s'agit, donc, du **droit commun des sociétés**.
- Le chapitre II (articles 1845 à 1870-1) consigne les dispositions intéressant les seules sociétés civiles.
- Le chapitre III (articles 1871 à 1873) fixe le régime juridique des sociétés dénuées de la personnalité morale (les sociétés en participation et les sociétés créées de fait).

▸ **Le reste de la réglementation est codifié dans le Code de commerce** (« Des sociétés commerciales et des groupements d'intérêt économique » ; appelé **« droit spécial des sociétés »**) :

- Le Titre I comporte des **dispositions préliminaires** (L. 210-1 à L. 210-9).
- Le Titre II énumère des **dispositions particulières aux diverses sociétés commerciales**, envisageant successivement : les SNC (L. 221-1 à L. 221-17), les sociétés en commandite simple (L. 222-1 à L. 222-12), les SARL (L. 223-1 à L. 223-43), des dispositions générales applicables aux sociétés par actions (L. 224-1 à L. 224-3), les SA (L. 225-1 à L. 225-270), les sociétés en commandite par actions (L. 226-1 à L. 226-14), les SAS (L. 227-1 à L. 227-20), les valeurs mobilières émises par les sociétés par actions (L. 228-1 à L. 228-106) et la société européenne (L. 229-1 à L. 229-15).
- Le Titre III énumère des **dispositions communes** aux diverses sociétés commerciales (L. 231-1 à L. 239-5).
- Le Titre IV contient des **dispositions pénales** (L. 241-1 à L. 249-1).
- Le Titre V énonce les règles relatives aux **groupements d'intérêt économique** (L. 251-1 à L. 252-12).

▶ Enfin, le Livre II du **Code monétaire et financier** contient les dispositions relatives aux instruments financiers.

B– Les évolutions

▶ Entendue comme **technique possible d'organisation de l'entreprise**, la société est au cœur des débats de la vie économique et sociale. L'évolution du droit des sociétés depuis plus de quarante ans permet de saisir l'essentiel des enjeux qui irriguent et nourrissent la matière. Il faut savoir qu'en France, **les entreprises individuelles sont un peu plus nombreuses que les sociétés**, que ces dernières soient unipersonnelles ou pluripersonnelles. Mais le poids économique des sociétés est plus important eu égard à leurs formes attractives et à leurs dimensions très variables. Elles peuvent comprendre aussi bien 1 ou 2 associés dans une SARL que plusieurs millions d'actionnaires dans une SA.

▶ L'**attractivité des sociétés** se confirme dans un contexte interne de mutations économiques et sociales profondes, génératrices de risques, mais aussi dans un contexte international où les frontières tendent à disparaître, les échanges et la concurrence à s'intensifier et les mécanismes et structures à s'harmoniser (se rapprocher), consacrant pour longtemps ce qu'il est convenu d'appeler « la mondialisation ».

▶ **Le droit des sociétés est une matière extrêmement vivante,** que de nombreuses lois viennent régulièrement modifier. Le législateur adapte les règles de création, de fonctionnement, de liquidation ou de dissolution en fonction des crises que connaît l'économie et des options d'organisation de la vie sociale qui sont choisies. L'impact du droit de l'Union européenne n'est pas, non plus, négligeable, et de nombreuses directives ont été transposées en droit français.

▶ Les pouvoirs publics recourent à une succession de **textes sans lignes directrices clairement identifiables**. Ces réformes éclatées du droit des sociétés engendrent un sentiment d'insécurité. Le toilettage de la matière s'est opéré au moyen de textes hétéroclites qui se sont succédé au grand galop depuis la loi NRE du 15 mai 2001. L'impression immédiate est celle d'un empilement plutôt que d'un ensemble organisé et cohérent. Beaucoup de ces textes sont pris en application de directives européennes précédemment adoptées dans une relative indifférence et délicates à mettre en œuvre. Certains sont influencés par des groupes d'intérêt, des faits d'actualité ou des effets de mode. D'autres, enfin, sont si inadaptés ou imparfaits qu'ils sont revus et corrigés tous les deux ou trois ans.

▶ L'**ordonnance n° 2016-131 du 10 février 2016** et la **loi n° 2018-287 du 20 avril 2018** portant réforme du droit des contrats, du régime général et de la preuve des obligations ont eu également des conséquences sur le droit des sociétés. D'abord, des conséquences directes, dans la mesure où, en l'absence de règles spéciales aux diverses sociétés, elles restent soumises au droit commun des contrats. Ensuite, des conséquences indirectes à deux niveaux : d'une part, les sociétés agissant quotidiennement comme contractantes, les conventions qu'elles concluent sont soumises, à défaut de règles dérogatoires, à ce nouveau droit commun des contrats qui tantôt pérennise des principes jurisprudentiels patents (liberté contractuelle, force obligatoire, devoir précontractuel d'information, bonne foi…), tantôt apporte des innovations (vice de violence sanctionnant l'abus de faiblesse, renégociation en cas d'imprévision, cession de dettes et de contrats, généralisation de la clause abusive…) ; d'autre part, les cessions de leurs droits sociaux faisant souvent l'objet d'avant-contrats, qu'il s'agisse de promesses unilatérales ou de pactes de préférence, jusqu'alors ignorés du législateur, ceux-ci sont désormais régis par les nouveaux articles 1123 et 1124 du Code civil.

▶ Aujourd'hui, la vie des entreprises est marquée par une **volonté de simplification**. Cependant, de nombreuses lois et ordonnances ont apporté des dispositions hétéroclites relatives aux sociétés.

▶ **Donner aux entreprises les moyens d'innover, de grandir et de créer des emplois,** telle a été l'ambition du Plan d'action pour la croissance et la transformation des entreprises (PACTE).

▶ La loi PACTE (loi n° 2019-486 du 22 mai 2019) et ses décrets d'application ont apporté de substantielles modifications en matière de droit des sociétés, notamment avec les mesures touchant la notion d'« intérêt social » (art. 1833 du Code civil : *« la société doit être gérée dans son intérêt propre, en considérant les enjeux sociaux et environnementaux de son activité »*), la raison d'être des sociétés (en complétant l'article 1835 du Code civil par la phrase : *« les statuts peuvent préciser une raison d'être, constituée des principes dont la société se dote et pour le respect desquels elle entend affecter des moyens dans la réalisation de son activité »*) et le statut de société à mission prévu pour les sociétés commerciales (art. L. 210-10 à L. 210-12 du Code de commerce). Elle a eu également pour finalité d'alléger les contraintes des sociétés et de leur apporter plus de flexibilité. C'est ainsi qu'a été modifié le régime des actions de préférence, avec notamment la création d'actions de préférence à vote plural et un élargissement des modalités de rachat de ces actions, et qu'ont été modifiés les seuils au-delà desquels les sociétés doivent nommer un commissaire aux comptes.

▶ Cette volonté de simplifier et de moderniser les règles applicables aux sociétés s'est poursuivie et amplifiée avec la loi n° 2019-744 du 19 juillet 2019, dont les dispositions sont entrées en vigueur le 21 juillet 2019.

▶ Cette loi a pour objectif, tout d'abord, de faciliter un certain nombre de réorganisations. Est ainsi étendu le régime des fusions simplifiées à des fusions, scissions ou apports partiels d'actifs, selon le cas, entre sociétés sœurs détenues au moins à 90 % ou à 100 % par une même société, ou lorsque l'une d'elles détient la totalité du capital de l'autre.

▶ Mais la loi de simplification ne se limite pas aux seules réorganisations. Elle donne, par exemple, plus de flexibilité au rachat de ses propres actions par une SA non cotée, le conseil d'administration ou le directoire pouvant modifier, s'il y a été autorisé par l'assemblée des actionnaires, l'affectation des actions rachetées ; de plus, le programme de rachat n'a pas nécessairement à respecter le principe d'égalité des actionnaires. Autre mesure de simplification, les conditions d'octroi de garanties par une SA pour les dettes contractées par ses filiales vis-à-vis des tiers sont assouplies : le conseil d'administration ou le conseil de surveillance peut, lorsque le débiteur garanti est une société contrôlée, octroyer une autorisation globale et annuelle sans limite de montant. Cette autorisation peut également être donnée globalement et sans limite de montant par le directeur général ou le directoire, sous réserve d'en rendre compte au conseil au moins une fois par an.

▶ La loi n° 2019-744 du 19 juillet 2019 apporte aussi des modifications aux règles de tenue et de prise de décisions au sein des assemblées générales des SA, ainsi qu'aux conséquences de la désignation irrégulière de dirigeants sur les délibérations auxquelles ils ont participé.

▶ La loi de simplification vient également permettre l'insertion d'une clause d'exclusion (ou sa modification) dans les statuts de SAS, non plus nécessairement par une décision prise à l'unanimité des associés, mais par une décision prise à la majorité, si cette possibilité a été prévue dans les statuts. Pour ces mêmes SAS, les apports en industrie n'auront plus à faire l'objet d'une évaluation par un commissaire aux apports. Cette dispense d'évaluation concerne aussi les avantages particuliers consentis lors de la constitution de la société (en revanche, la dispense ne joue pas en cours de vie sociale).

▶ La loi de simplification supprime opportunément l'obligation imposée aux sociétés par actions dont moins de 3 % du capital est détenu par des salariés de convoquer tous les trois ans une AGE appelée à se prononcer sur une augmentation de capital réservée aux salariés adhérant à un plan d'épargne entreprise.

▸ Ainsi, la loi de simplification du droit des sociétés, à la suite de la loi PACTE, montre que le droit des sociétés est un droit en permanente évolution.

II. La nature de la société

À l'origine, la société n'était qu'un **contrat**. La thèse contractuelle a montré ses insuffisances au XXe siècle, entraînant, par là même, une remise en cause de la nature de la société. Le contexte politico-économique évoluant, le droit s'est adapté et une nouvelle conception a vu le jour : **la société-institution**. Par la suite, a émergé une conception moderne concevant la société comme une technique juridique d'organisation de l'entreprise.

A– Les conceptions classiques

1. La société-contrat

▸ La vision contractuelle de la société est issue du droit romain et fait écho aux théories d'auteurs tels que Domat et Pothier. Elle va culminer au XIXe siècle. **Cette conception repose sur l'idée que la création d'une société relève, par principe, de la rencontre de plusieurs volontés.** C'est le dogme de l'autonomie de la volonté, érigé par les auteurs classiques, qui se manifeste dans la théorie de la société-contrat. Il ne peut y avoir de contrat sans volonté de contracter ; il ne peut y avoir de société sans volonté des associés de créer cette société. Cette vision classique de la société se base sur plusieurs constatations et analyses :

- Comme pour tout contrat, il doit y avoir consentement de la part des associés, un consentement élargi dans le cadre du contrat de société puisqu'il culmine dans la notion d'« *affectio societatis* », c'est-à-dire dans la constatation de la volonté de se comporter en associé avec les avantages et les risques que cela comporte.
- Il faut que les associés aient la capacité de contracter, définie dans l'article 1128 du Code civil, et même, pour certains types de société (SNC, SCS), une capacité particulière : celle d'être commerçant.
- La mise en commun de biens ou d'industries en vue de partager les bénéfices (ou l'économie qui en résulte) est l'objet premier de ce contrat. Cet objet est commun à toutes les sociétés. Par ailleurs, la liberté contractuelle du droit des sociétés s'exprime à de nombreux niveaux : le choix de la forme sociale, la rédaction des statuts, la détermination de l'objet social, le caractère essentiel de l'*intuitu personae* et de l'*affectio societatis* dans certaines formes de sociétés, la reconnaissance de l'existence de sociétés créées de fait ou en participation, les modalités de

détermination des parts de bénéfice et de contribution aux pertes (art. 1844-1, al. 1, C. civ.) et les conditions de prorogation ou de dissolution de la société (art. 1844- 6, -7 et -8 C. civ.).

▶ Cependant, la thèse de la nature contractuelle est **insuffisante pour justifier de nombreux aspects du droit des sociétés** et même du droit des obligations. Elle est controversée par une autre thèse : la thèse institutionnelle.

2. La société-institution

▶ La vision institutionnelle de la nature de la société **trouve ses racines dans le droit public et son système institutionnel** ; elle est développée par le doyen Hauriou au début du xxe siècle. L'institution est un ensemble de règles qui organisent, de façon impérative et durable, un groupement de personnes autour d'un but déterminé : les droits et intérêts privés sont subordonnés au but social qu'il s'agit d'atteindre. La société, de par sa personnalité propre, déborde les personnes qui la composent en tendant vers un intérêt « supérieur » auquel les volontés particulières se soumettent. La liberté contractuelle s'efface derrière l'ordre public dans un mouvement amorcé en 1940 et qui va trouver son apogée dans la loi du 24 juillet 1966.

▶ Ainsi, **c'est le législateur qui règle de façon impérative les formalités de constitution de la société**, notamment les conditions d'attribution de la personnalité morale. C'est la notion d'« ordre public » qui semble le guider. De même, c'est lui qui détermine les organes nécessaires au fonctionnement de la société et leurs pouvoirs tant internes que vis-à-vis des tiers : les dirigeants ne sont pas les mandataires de la société mais les organes chargés de mettre en œuvre la volonté commune. Ce lien organique est bien plus fort qu'un lien contractuel. En effet, la théorie contractuelle ne peut pas appréhender à elle seule la capacité de jouissance et d'exercice de la société, son autonomie patrimoniale ou l'existence de représentants légaux disposant du pouvoir légal de la société à l'égard des tiers.

▶ Cependant, dans toute société se retrouvent des règles aussi bien contractuelles qu'institutionnelles, les aspects contractuels étant plus marqués dans les sociétés de personnes et les aspects institutionnels dans les sociétés de capitaux. De même, les notions de « contrat » et d'« ordre public » ne sont pas nécessairement antinomiques ni incompatibles. Elles peuvent coexister au sein de chaque forme sociétaire.

B – Les conceptions modernes

▶ Pour certains auteurs, la société ne serait ni un contrat ni une institution, mais une technique d'organisation juridique de l'entreprise, **c'est-à-dire une structure d'accueil pour un certain type d'activité**. Ces auteurs ont développé une **conception moderne abordant la société par le biais de sa finalité :** c'est **la doctrine de l'entreprise**. La société est vue, avant tout, comme une structure d'organisation de l'entreprise, où se nouent, grâce à la personnalité morale, tous les contrats qui caractérisent les salariés, les clients, les fournisseurs. Pour eux, la conception traditionnelle s'est développée en dehors de toute référence à la notion d'« entreprise », qui, jusqu'à une période récente, était assimilée à la personne de l'entrepreneur.

▶ En somme, **la société doit être envisagée comme un outil, le plus souple possible, destiné à accueillir les entreprises et à favoriser leur développement**. Dans cette optique, il convient d'oublier le groupement des associés pour se préoccuper essentiellement de l'entreprise. Il est alors préconisé une diminution des règles impératives du droit des sociétés au profit d'un élargissement de la liberté contractuelle, pour permettre à l'entreprise de s'adapter à son environnement économique et d'être concurrentielle avec les sociétés étrangères.

▶ Cette thèse fonctionnelle a entraîné certains auteurs à constater une reprise de la liberté contractuelle et, plus généralement, à relancer le débat sur la nature de la société. Concrètement, **ce renouveau contractuel s'est traduit par des retouches législatives et a été révélé par la pratique** :

- La nécessité de trouver des fonds propres sans ouvrir le capital a entraîné la pratique sociétaire à redécouvrir la société en commandite par actions.
- Les statuts de la SA peuvent se trouver complétés par de nombreuses conventions extrastatutaires baptisées « pactes d'actionnaires ».
- La libération du régime des valeurs mobilières a permis une meilleure allocation des fonds vers les sociétés et a multiplié les possibilités, pour celles-ci, de recourir à l'épargne publique : par exemple, la création des actions à dividende prioritaire sans droit de vote et la faculté offerte aux financiers de créer de nouveaux titres dépassant les catégories traditionnelles d'actions et d'obligations.
- De plus, le législateur a, de manière plus modeste, cherché à faciliter la gestion des PME (loi Madelin du 11 février 1994).
- Il a, par ailleurs, introduit, par la loi du 3 janvier 1994, un troisième type de sociétés par actions marqué par le libéralisme : les Sociétés par actions simplifiées (SAS). Mais la consécration, par la loi du 12 juillet 1999, de la SAS unipersonnelle a tempéré cette liberté et revigoré à la fois la conception institutionnelle et la conception contractuelle de la société.

▶ Par ailleurs, le débat relatif à la **gouvernance d'entreprise** *(corporate governance)* illustre ce mouvement. Les implications en sont nombreuses : la transparence de la rémunération des dirigeants, la prévention des conflits d'intérêts, le cumul des mandats sociaux, la place des associés minoritaires, entre autres.

> Le ***gouvernement d'entreprise*** est un terme qui désigne l'organisation du pouvoir au sein d'une société, visant à un juste équilibre entre les instances de direction, les instances de contrôle et les actionnaires. Il est devenu un critère de notation de la valeur de la société, une garantie de transparence et d'équilibre des pouvoirs, ainsi qu'un contre-pouvoir actionnarial. La **gouvernance d'entreprise** permet de réguler les relations entre les parties prenantes. Elle résulte d'une évolution récente : la participation plus marquée des actionnaires à la direction de la société et l'exigence de transparence sur leur gestion. Le gouvernement d'entreprise, reposant sur les notions de « mandat donné aux dirigeants » et de « propriété des associés », va dans le sens de la société-contrat : les fonds de pension en témoignent indéniablement.

▶ Cependant, l'impossibilité pour l'une des deux thèses traditionnelles d'expliquer à elle seule la nature de la société a entraîné de nombreux auteurs à **plaider en faveur d'une approche mixte de la société et à envisager une synthèse équilibrée.** Ainsi, Messieurs Cozian et Viandier considèrent *« qu'il n'y a pas un, mais plusieurs modèles de sociétés : selon le cas, c'est l'aspect contractuel ou l'aspect institutionnel qui l'emporte, sans toutefois être exclusif »*. On observera également que l'approche fonctionnelle de la société ne préjuge pas de sa nature contractuelle ou institutionnelle : c'est toujours le contrat, dans la conception contractuelle, ou la loi, dans la conception institutionnelle, qui va déterminer la nature de la société et l'auteur de son organisation, à savoir les associés ou le législateur. Le libéralisme économique qui prévaut en France – et en Europe – favorise la conception contractuelle de la société dans le but de donner de meilleures armes aux entrepreneurs et aux investisseurs dans une économie de plus en plus mondialisée.

III. Les avantages de la société

▶ Les nécessités et les exigences de l'économie moderne dépassent souvent les capacités financières et techniques dont dispose un commerçant personne physique. Les personnes morales et, plus généralement, les sociétés commerciales ont démontré leur écrasante supériorité. Elles sont mieux armées pour le commerce et les affaires que les simples particuliers. Elles permettent de rassembler des capitaux illimités par des offres au public de titres financiers. Elles échappent aux vicissitudes qui frappent les personnes physiques. En même temps, elles offrent aux personnes physiques et aux personnes morales les techniques adéquates pour organiser leur partenariat, protéger leur patrimoine et doter les dirigeants sociaux de statuts sociaux et fiscaux avantageux. De ce point de vue, **le droit des sociétés a non seulement une fonction normative, mais il est également une science de l'organisation**.

▶ Trois motifs principaux inspirent donc l'adoption de la forme sociale.

A- L'organisation du partenariat

▶ Dès l'Ancien Droit et à partir de 1804, la société a été conçue comme un groupement de partenaires qui mettent quelque chose en commun en vue de partager le bénéfice qui pourra en résulter. Cette vocation de la société n'a pas changé avec la nouvelle rédaction de l'article 1832 dans la loi du 4 janvier 1978 : « *La société est instituée par deux ou plusieurs personnes qui conviennent par un contrat d'affecter à une entreprise des biens ou leur industrie en vue de partager le bénéfice ou de profiter de l'économie qui pourra en résulter.* »

▶ Ainsi, la société offre un **cadre d'organisation** aux partenaires désirant exercer en commun une activité professionnelle, faire une proposition lors d'une procédure de marché public, exporter en commun, etc. Bien qu'il ne soit pas le seul mode d'exercice en commun, le cadre sociétaire est le plus adapté et le plus sécurisant pour les partenaires.

▶ La société **permet la création de filiales communes**, notamment par le recours à la SAS, qui est caractérisée par la grande liberté contractuelle dont disposent les associés pour organiser son fonctionnement.

▶ La société **permet l'exercice d'une profession libérale** entre avocats, experts-comptables, CAC, médecins, notaires (par le recours aux SCP, SEL, SPFPL), où le talent, la confiance réciproque, l'*intuitu personae* et l'*affectio societatis*, c'est-à-dire la volonté de s'associer, sont omniprésents. La société **permet aussi l'exercice d'une activité agricole** au sein d'un GAEC (Groupement agricole d'exploitation en commun) ou d'une EARL. On note ainsi que **de nombreuses formes de sociétés existent** et qu'il importe donc de définir des critères de choix de la forme sociale que l'on veut utiliser en fonction de son projet.

▶ Le premier motif de création d'une société est donc l'organisation du partenariat.

B – L'organisation du patrimoine et la limitation des risques

▶ La création d'une société ou la mise en société d'une entreprise individuelle s'impose souvent pour **satisfaire des besoins juridiques, financiers et/ou fiscaux.**

Par exemple, un entrepreneur individuel, à l'approche de la retraite, fait apport de son fonds de commerce à une société qu'il constitue pour préparer la transmission de l'affaire. S'il a plusieurs enfants, la mise en société de l'entreprise familiale permet d'éviter, à son décès, qu'elle ne se trouve en indivision entre ses enfants. En effet, l'indivision est dangereuse pour l'entreprise, dans la mesure où ceux des héritiers qui ne sont pas intéressés par sa reprise peuvent en demander le partage (art. 816 C. civ.). Dans ce cas, si l'un des autres héritiers souhaite conserver l'entreprise, il doit payer des soultes aux autres pour rétablir l'équilibre des lots. S'il n'en a pas les moyens, l'entreprise sera démantelée ou cédée à des tiers. En revanche, si le chef d'entreprise met son affaire en société, il lui suffit, de son vivant, d'en céder le contrôle à celui de ses héritiers intéressé par celle-ci, souvent de manière progressive et au moyen de donations simples ou de donations-partages de la nue-propriété des titres.

▶ Les avantages escomptés dans ces domaines ne compensent pas toujours la gestion lourde, les frais de constitution et le risque de perdre le contrôle de l'entreprise. C'est la raison pour laquelle toute entreprise n'est pas une société et que l'entreprise individuelle reste, dans de nombreux cas, la formule la plus adaptée (il existe environ 2,2 millions d'entreprises individuelles : 1 million de commerçants, 700 000 agriculteurs et 500 000 professionnels libéraux). Mais, dans la pratique, la société comme technique d'organisation juridique de l'entreprise et du patrimoine semble l'emporter. Cela étant dit, une entreprise individuelle peut avoir la forme sociétaire (EURL, SAS).

▶ Le choix de la forme sociétaire pour gérer son patrimoine et limiter les risques juridiques et financiers s'explique par deux raisons principales :

1. Une structure d'accueil à l'entreprise

▶ Pour les économistes, **l'entreprise est l'unité économique** dans laquelle sont groupés les facteurs humains et matériels de l'activité économique. Les juristes, eux, ne conçoivent l'entreprise qu'au travers du sujet de droit, personne physique ou personne morale.

▶ **En effet, l'entreprise n'est pas un sujet de droit, car elle n'a pas la personnalité morale.** Il lui manque cette individualité d'ordre juridique qui lui permettrait d'être titulaire de droits et tenue par des obligations, c'est-à-dire d'avoir un actif et un passif, le premier répondant du second. Elle est ignorée, ou presque, du droit commercial (sauf dans les groupes), la loi ne lui conférant pas un statut propre. **La mise en société d'une entreprise procure ainsi, à cette dernière, la capacité juridique qui lui manquait.** La société apparaît donc comme une technique juridique d'organisation possible de l'entreprise. Sa personnalité morale lui permet de détenir un patrimoine, qui est un attribut de la personnalité juridique et le gage des créanciers. Son contenu peut varier à tout instant et même être négatif sans que son identité soit altérée.

▶ Créée en 2010, l'Entreprise individuelle à responsabilité limitée (EIRL) (à ne pas confondre avec l'EURL) n'a pas connu un grand succès. La loi du 24 février 2022 a supprimé ce statut et a créé un nouveau statut unique simplifié.
Le nouvel article L. 526-22 du Code de commerce, entré en vigueur le 15 mai 2022, opère **une distinction légale entre le patrimoine professionnel et le patrimoine personnel de l'entrepreneur individuel** : « *Les biens, droits, obligations et sûretés dont il est titulaire et qui sont utiles à son activité ou à ses activités professionnelles indépendantes constituent le patrimoine professionnel de l'entrepreneur individuel. (...) Les éléments du patrimoine de l'entrepreneur individuel non compris dans le patrimoine professionnel constituent son patrimoine personnel.* »

▶ Ce nouvel article du Code de commerce s'applique aux créances nées après l'entrée en vigueur de la loi ; le Code des procédures civiles d'exécution est modifié en conséquence. Certaines exceptions sont néanmoins prévues, notamment en cas de fraude ou d'inobservation grave et répétée des obligations fiscales ou sociales. En cas de liquidation judiciaire, seul le patrimoine professionnel répondra des dettes professionnelles, toutefois, à la demande du débiteur et avec l'autorisation du juge-commissaire ou du tribunal, le patrimoine personnel pourra être concerné.

▶ Dans le cas où un entrepreneur individuel cesse son activité professionnelle indépendante ou décède, les patrimoines sont réunis.

▶ Des études menées d'octobre à décembre 2013, qui avaient pour objectif d'envisager la simplification des régimes juridiques, sociaux et fiscaux de l'entrepreneuriat individuel, ont abouti, notamment, à la **création d'un statut juridique unique de l'entreprise** tendant vers une simplification du cadre fiscal et social applicable aux entrepreneurs individuels.

► C'est dans ce contexte qu'a été adopté définitivement, par le Parlement, la loi du 5 juin 2014 qui crée le **régime unique, simplifié, de la micro-entreprise** en fusionnant les régimes du micro-social (auto-entrepreneurs) et du micro-fiscal. Les mesures adoptées permettent une harmonisation afin que chaque entrepreneur exerçant la même activité, quel que soit son régime micro, soit soumis aux mêmes règles.

2. Un moyen de réunir des financements

► Si la création d'une entreprise ne nécessite pas, au départ, de gros investissements, **son développement passe nécessairement par une augmentation des sommes engagées et par un recours au crédit bancaire.** C'est à ce stade que l'entrepreneur individuel décidera de se mettre en société et tentera d'intéresser à son entreprise des proches et des amis qui lui font confiance et sur lesquels il doit pouvoir compter pour garder la maîtrise de son affaire. **La transformation de son entreprise en société lui permettra d'attirer les bailleurs de fonds.**

► Pour les entreprises commerciales et industrielles de grande taille, qui ont besoin de capitaux considérables, la **société par actions** – notamment la SA, rarement la SCA – peut émettre des valeurs mobilières en faisant un appel public à l'épargne. Elle peut, par exemple, inviter les actionnaires et les tiers (notamment des créanciers) à souscrire à une augmentation de capital ou solliciter les épargnants pour qu'ils lui prêtent de l'argent dans le cadre d'un emprunt obligataire contre versement d'un intérêt annuel (art. L. 228-95 C. com.).
De surcroît, **la société par actions est un instrument souple et efficace** de rapprochement des sociétés (prises de participation, fusions). Elle permet la constitution de puissants groupes, dont certains auront vocation à dominer l'économie mondiale (société mère et filiales) : les holdings.

► Enfin, la société offre l'avantage de **drainer d'énormes fonds sans pour autant qu'il y ait remise en cause du pouvoir de décision** en son sein, notamment par le biais d'actions à dividende prioritaire sans droit de vote. La création des SAS pluripersonnelle en 1994 et unipersonnelle en 1999 a multiplié les mécanismes destinés à attirer les investisseurs tout en stabilisant le pouvoir ou en maintenant son équilibre au sein de la société : actions à droits de vote multiples, pactes d'actionnaires, etc. (art. L. 227-1 *sq.* C. com.).

C– Les aspects fiscaux et sociaux

La création d'une société ou la mise en société d'une entreprise individuelle doit être justifiée par des motifs économiques, notamment pour les entreprises d'une certaine taille. Mais, **en pratique, les motifs fiscaux et la politique fiscale influent souvent sur le choix de la forme sociétaire** et, plus généralement, sur les montages en droit des sociétés. Il en va de même, dans une certaine mesure, des intérêts des salariés.

1. Les intérêts fiscaux

→ Dans l'entreprise individuelle

Dans l'entreprise individuelle, les bénéfices sont imposés au titre des bénéfices industriels et commerciaux (BIC), qu'ils soient prélevés ou laissés dans l'entreprise. Ils sont soumis à l'impôt sur le revenu (IR) à des taux progressifs qui rendent l'impôt très lourd si l'entrepreneur individuel réalise des bénéfices importants. Il existe 5 tranches d'imposition, dont les taux varient entre 0 et 45 %.

→ Dans l'entreprise exploitée sous forme de société

Dans l'entreprise exploitée sous forme de société, le régime fiscal varie suivant le type de société adopté. Deux situations sont à distinguer :

▸ La première est la situation des sociétés de personnes, dites « sociétés transparentes ou semi-transparentes », soumises à l'IR.

Il s'agit de **sociétés à risque illimité** : SNC, SARL de famille, EURL dont l'associé unique est une personne physique, SCS pour la part des bénéfices revenant aux commandités, sociétés civiles, GIE, sociétés en participation, sociétés créées de fait, etc.

Elles ont le même statut fiscal que l'entreprise individuelle, et les bénéfices réalisés sont directement imposés entre les mains des associés selon la quote-part qui doit leur revenir. Cependant, à l'exception du GIE, les sociétés de personnes peuvent opter irrévocablement pour le régime de l'IS – ce qui est à la fois une marque de souplesse et une source de risques si les règles du jeu fiscal changent en cours de route.

On retient deux hypothèses :

- **1re hypothèse : lorsque les résultats sont bénéficiaires,** il n'est pas fait distinction selon que les bénéfices sont affectés aux réserves ou distribués aux associés ; le

régime de l'IR s'applique dans les deux cas. En revanche, la distribution ultérieure des réserves n'entraîne pas d'imposition complémentaire.
- **2nde hypothèse : lorsque les résultats sont déficitaires,** les associés peuvent imputer, sur leurs revenus globaux, la part de déficit qui leur revient. On parle alors de « défiscalisation » ou d'« économies fiscales ». L'excédent déficitaire est alors reportable sur le revenu global des années suivantes jusqu'à la cinquième année inclusivement.

▶ **La seconde situation est celle des sociétés de capitaux, dites « sociétés opaques », soumises à l'IS.**

Il s'agit de **sociétés à risque limité** : SA, SARL pluripersonnelles, SAS, SCA, SCS pour la part des bénéfices revenant aux commanditaires, EURL créées par une personne morale, etc.
La société de capitaux a la qualité de redevable et acquitte elle-même l'impôt sur les bénéfices qu'elle réalise. Si, à l'inverse, les résultats sont négatifs, le déficit ne saurait s'imputer sur le revenu des associés ; il est seulement reportable sur les bénéfices à venir de la société pendant cinq ans. De même, la société a la possibilité d'imputer le déficit actuel sur les bénéfices des exercices précédents. Cette rétro-imputation est la transposition, en France, du système du *carry-back* pratiqué aux États-Unis, au Japon, en Allemagne, etc. Dans les sociétés de capitaux, les bénéfices sont imposables au stade de leur réalisation et à celui de leur distribution.

2. Les intérêts sociaux

▶ La société offre aux **salariés** un certain nombre de droits, dont principalement la **participation aux résultats, au capital et à la gestion**. Elle offre également un **statut social avantageux aux dirigeants**.

▶ L'**épargne salariale** est un ensemble de dispositifs dont l'objectif est d'associer les salariés aux résultats de leur société et de favoriser l'épargne collective et le développement des investissements des entreprises. Distincte du salaire, modalité de reconnaissance du travail fourni et élément de motivation, cette participation financière fait, le plus souvent, partie de la politique de rémunération globale de l'entreprise. Les sommes qui en sont issues n'ont, toutefois, pas le caractère de rémunération au sens du Code de la Sécurité sociale. Les dispositifs d'actionnariat salarié sont également parties intégrantes de l'épargne salariale et de la participation et permettent de voir émerger de nouvelles règles quant à la participation à la gestion et aux instances de l'entreprise.

→ La participation aux résultats

▶ **La participation est un système qui permet aux salariés de se voir attribuer une partie des bénéfices réalisés par l'entreprise. Sont concernés, en principe, tous les salariés ayant un contrat de travail avec l'entreprise.** Avant la loi PACTE, la participation était obligatoire pour les personnes morales **dépassant le seuil de 50 salariés pendant 12 mois consécutifs ou non au cours des 3 précédents exercices.** La mise en place de la participation est, désormais, obligatoire pour les entreprises employant plus de 50 salariés durant 5 années civiles consécutives. Les entreprises de moins de 50 salariés peuvent, malgré tout, mettre en place la participation de manière volontaire.

▶ **L'accord d'intéressement consiste, quant à lui, dans le versement de primes plafonnées.** Ces primes peuvent alimenter un compte « épargne ». Elles ne sont pas soumises à cotisations sociales et viennent en déduction de bases de l'impôt (art. L. 3312-1 *sq.* C. trav.). L'intéressement permet aux salariés de bénéficier financièrement des résultats ou des performances de leur entreprise (ou des entreprises membres du groupement d'employeurs auquel ils appartiennent). Disponibles immédiatement (sans délai de blocage), les sommes issues de l'intéressement sont calculées selon une formule définie par l'accord qui met en place le dispositif.

▶ **Les régimes de participation** (sauf pour les entreprises de plus de 50 salariés) **et d'intéressement sont facultatifs.** Cependant, la loi PACTE incite nettement à la mise en place d'une participation volontaire ou de l'intéressement.

→ La participation au capital : trois régimes distincts

▶ **Le 1er régime est l'option de souscription ou d'achat d'actions, sur le modèle américain des stock-options.** Ce sont surtout les cadres et les dirigeants qui en profitent, avec des avantages fiscaux remarquables (à condition de ne pas détenir plus de 10 % du capital social). La loi de finances pour 2005 (revenus de 2004) permet, depuis le 1er janvier 2005, l'attribution, aux salariés et dirigeants, d'actions gratuites de leur société, cotée ou non. À l'instar des stock-options, l'attribution gratuite d'actions est une façon de rémunérer le salarié et de l'impliquer dans la gestion de la société en lui permettant de profiter de l'accroissement de la valeur de l'entreprise.

▶ **Le 2e régime est celui des bons de souscription de parts de créateur d'entreprise (BSPCE).** Ils sont créés par des sociétés par actions soumises à l'IS, non cotées ou cotées sur le nouveau marché. Ces bons sont destinés aux salariés ou dirigeants soumis au régime fiscal des salariés. Depuis la loi PACTE, ils peuvent être proposés aux administrateurs.

▶ **Le 3e régime est celui des plans d'épargne salariale** (art. L. 3333-1 à L. 3335-1 du Code du travail). Il y en a trois :

- Le plus important est le **Plan d'épargne d'entreprise (PEE)**, qui permet aux salariés de constituer, avec l'aide de la société, un portefeuille de valeurs mobilières dont les avantages fiscaux sont nombreux : les sommes versées par les entreprises sont déductibles des bénéfices imposables et échappent aux cotisations sociales et aux taxes ou participations sur les salaires ; elles sont également exonérées de l'IR établi au nom des bénéficiaires, à condition de les maintenir dans le PEE pendant 5 ans (ord. du 21 octobre 1986).
- Il y a également le **Plan d'épargne interentreprises (PEI)** : destiné à favoriser le développement de l'épargne salariale dans les petites et moyennes entreprises, et proche du PEE avec lequel il partage nombre de règles de fonctionnement (notamment, la durée de blocage des sommes : 5 ans au minimum), le PEI est mis en place par une branche professionnelle ou entre plusieurs entreprises.
- Enfin, le **Plan d'épargne pour la retraite collectif (PERCO)** permet aux participants de se constituer une épargne pour la retraite. La loi PACTE prévoit, avec le Plan d'épargne retraite (PER), un seul compte avec 3 compartiments : des sommes provenant des versements volontaires du titulaire, des versements obligatoires de l'employeur et du salarié, et des sommes provenant de l'épargne salariale ainsi que des droits inscrits sur le compte « épargne-temps ».

➜ La participation des salariés à la gestion

▶ **La participation à la gestion est timide en France et connaît une assez forte réticence de la part des chefs d'entreprise.** L'objectif est de favoriser la prise en compte du point de vue des salariés sur la stratégie de leur entreprise.

▶ La **loi du 14 juin 2013** a prévu la participation de représentants des salariés, avec voix délibérative, aux conseils d'administration (ou de surveillance) des très grandes entreprises.

▶ La loi du 17 août 2015, dite **« loi Rebsamen »**, a abaissé les seuils d'effectifs, élargissant l'application de ce dispositif (art. L. 225-27-1 C. com.). Sont, désormais, intéressées les sociétés qui emploient à la clôture de deux exercices consécutifs :

- au moins 1 000 salariés permanents dans la société et ses filiales, directes ou indirectes, dont le siège social est fixé sur le territoire français ;

– au moins 5 000 salariés permanents dans la société et ses filiales, directes ou indirectes, dont le siège social est fixé sur le territoire français et à l'étranger.

▶ La loi Rebsamen a également **renforcé la présence des salariés au sein des sociétés dépourvues de comité d'entreprise** (articles L. 225-27-1 et L. 225-79-2 du Code de commerce). Par cette voie, le caractère universel de l'association des salariés à la prise de décision est ainsi recherché.

→ Le statut des dirigeants sociaux en matière sociale et fiscale

▶ La question du statut social et fiscal du dirigeant est souvent extrêmement importante dans le choix de créer ou non une société et de la forme sociale qu'elle doit revêtir.

▶ En effet, **tous les dirigeants sociaux n'ont pas le statut salarié, ni tous les avantages qui en découlent**. Le chef d'entreprise individuelle non sociétaire est immatriculé et cotise personnellement aux caisses d'allocations familiales, d'assurance-maladie et d'assurance-vieillesse des non-salariés. Or la protection de ces derniers est moins favorable que celle des salariés : absence de prestations en cas d'incapacité temporaire pour cause de maladie ou d'accident du travail, absence d'assurance-chômage, médiocrité des retraites.

▶ À l'opposé, **le régime de dirigeant** d'une SA **ou de gérant** minoritaire ou égalitaire de SARL, soumise à l'IS, **permet de bénéficier du régime social des salariés**, avec la possibilité de constituer une retraite des cadres intéressante. Toutefois, le dirigeant social ne bénéficie pas de la protection contre le chômage, sauf à disposer d'un contrat de travail avec la société, le cumul étant possible et admis sous certaines conditions (art. L. 225-22 C. com.).

▶ Les choses ont évolué ces dernières décennies, notamment depuis **la loi Madelin du 11 février 1994**, qui **a mis fin à une discrimination**. Les cotisations complémentaires des travailleurs indépendants (les non-salariés, les entrepreneurs individuels) sont, désormais, déductibles de leurs résultats imposables dans les mêmes limites que pour les salariés. Il s'agit là d'un rapprochement très significatif entre salariés et non-salariés et entre dirigeants de SA et gérants de SARL. Il permet, à l'instar du statut fiscal, d'opter plus facilement pour la forme sociétaire et, à l'intérieur des différents types de sociétés, de choisir la forme la plus adaptée économiquement.

▶ Bien entendu, le recours à la forme sociétaire présente quelques **inconvénients**, dont notamment **le formalisme et le coût** lors de la constitution et au cours du fonctionnement (besoin de fonds propres).

IV. La classification des sociétés et les groupements voisins

▶ **Des risques de confusion existent entre la société et d'autres groupements** (association, groupement d'intérêt économique, fondation) **ou contrats voisins** (contrat de prêt ou de travail avec participation aux bénéfices). Cette confusion pourrait conduire à des requalifications ou à des disqualifications du groupement ou du contrat concerné par les juges du fond.

▶ Les sociétés sont classées selon des **critères communément admis par la pratique et la doctrine.** Cependant, le classement suggéré n'est pas limitatif. D'autres classements sont envisageables et recoupent le classement des sociétés types, à partir de critères plus restrictifs. Il appartient aux entrepreneurs, quelle que soit l'activité qu'ils entendent exercer – commerciale, industrielle ou de profession libérale –, d'affiner leur choix en tenant compte de tous les paramètres de réussite et de viabilité de leur future société.

A– La société et les groupements voisins

▶ La définition actuelle de la société ne permet pas toujours de la différencier d'autres groupements privés et d'autres contrats voisins.

▶ En outre, **la notion de « but lucratif » a évolué sous l'influence de la pratique des affaires.** Le secteur non lucratif est vaste et englobe, généralement, les activités désintéressées : religieuses, politiques, syndicales, humanitaires, artistiques, sportives, charitables. Le secteur lucratif, quant à lui, est un domaine partagé, à des degrés variables, entre les sociétés et d'autres groupements voisins. La différenciation s'opère également à l'intérieur de chaque catégorie de groupements.

1. La société et l'association

▶ La société est d'**essence capitaliste**, tandis que l'association n'est **pas d'essence capitaliste** (art. 1er de la loi du 1er juillet 1901).

▶ **L'association se différencie fondamentalement de la société en ce que son but n'est pas de partager les bénéfices entre ses membres.** Mais la rédaction ambiguë de la loi de 1901 ne l'empêche pas, afin de réaliser son objet, de se procurer les ressources nécessaires par l'exercice d'activités lucratives, ni d'offrir à ses membres certains avantages matériels présentant un caractère accessoire mais liés à la mission de l'association (sinon l'association sera requalifiée en société créée de fait).

▶ **La recherche d'économies entre dans la vocation de l'association** qui peut manier des capitaux considérables (dans le cas, par exemple, d'une clinique, d'une maison de retraite, d'une agence de voyages, d'un club de sport, d'un établissement d'enseignement, etc.) et, parfois, se comporte comme une véritable entreprise. C'est la philosophie qui anime ses membres qui la différencie de la société, non la nature ou l'importance de son activité.

▶ Finalement, une association se différencie d'une société en ce qu'elle est **autorisée à réaliser des bénéfices mais pas de les partager**. Or, dans les faits, on assiste à une certaine dérive de l'association qui devient progressivement une entreprise, ceci expliquant peut-être son essor depuis quelques années.

2. La société et le GIE

▶ C'est l'ordonnance du 23 septembre 1967 qui a créé le GIE, Groupement d'intérêt économique (art. L. 251-1 *sq.* C. com.). Son but est de développer l'activité économique de ses membres, d'en améliorer ou d'en accroître les résultats (services de recherche, d'export, publicité commune…). Le GIE est une structure qui ne souffre pas de la lourdeur de la société ni de la faiblesse de capacité juridique de l'association. **C'est un groupement de moyens.** Il permet de réaliser des bénéfices, même si cette recherche ne constitue pas son objectif premier (art. 10, ord. ; art. L. 251-12 C. com.).
En effet, la règle interdisant au groupement d'intérêt économique de réaliser des bénéfices pour lui-même ne s'oppose pas à ce qu'il en mette une partie en réserve pour les besoins de la réalisation de son objet (Cass. com., 6 mai 2014, n° 13-11.427).

▶ Le GIE existe dans une version européenne : le GEIE.

3. La société et la fondation

▶ Aux termes de l'article 18, alinéa 1, de la loi du 23 juillet 1987 sur le développement du mécénat, « *la fondation est l'acte par lequel une ou plusieurs personnes physiques ou morales décident l'affectation irrévocable de biens, droits ou ressources à la réalisation d'une œuvre d'intérêt général et à but non lucratif* ».

▶ Contrairement à la société, la fondation **ne se préoccupe pas de rechercher des bénéfices ou des économies**.

▶ **Elle se rapproche de l'association sans pour autant s'y assimiler.** Alors que l'association représente un groupement de personnes, la fondation naît d'une seule volonté : celle de son fondateur qui donne ou lègue des biens affectés à la réalisation d'un objectif qu'il a déterminé. Contrairement à l'association, la fondation n'a pas de membres, ni de cotisation, ni d'AG. Son financement est assuré, au départ, par l'apport d'une donation constitutive, et sa gestion par un conseil d'administration statutaire. Elle peut posséder des immeubles (de rapport) et recevoir toutes sortes de libéralités qui ouvrent droit à réduction d'impôt.

B– Le classement des sociétés

Aucun classement unique ne semble s'imposer. Les critères de classification sont nombreux. En les regroupant, on aboutit à **six catégories de distinctions ou de comparaisons** :

1. Les sociétés civiles et les sociétés commerciales

▶ Cette distinction constituait la *summa divisio*. C'est le critère de la nature et de l'objet des actes sociaux qui s'applique ici. **Ces sociétés ont un trait commun : la poursuite d'un but lucratif.** Elles sont soumises aux articles 1832 à 1844-17 du Code civil.

▶ **Les intérêts pratiques de la distinction entre sociétés civiles et sociétés commerciales se manifestent notamment aux stades de leur constitution et de leur fonctionnement :**

- Les sociétés commerciales sont assujetties à la tenue de livres comptables et relèvent du Tribunal de commerce (art. 8 *sq.* C. com.) ; les sociétés civiles n'y sont pas assujetties et relèvent du TJ.
- La liberté des preuves concerne les sociétés commerciales, et la preuve littérale (par écrit) concerne les sociétés civiles pour les intérêts ayant une valeur supérieure à 1 500 €.
- Les sociétés civiles sont soumises à l'IR applicable aux personnes physiques ; les sociétés commerciales, à l'exception des sociétés de personnes, sont soumises à l'IS.

▶ Cependant, le rapprochement entre ces deux types de sociétés est progressif. Il convient de citer certains **points de rapprochement** :

- la nécessité d'une immatriculation au RCS ;
- le sort des actes accomplis pendant la période constitutive ;
- l'absence de dissolution automatique en cas de réunion de toutes les parts en une seule main ;

- l'étendue des pouvoirs des gérants ;
- la continuation de la société avec les héritiers ;
- la responsabilité proportionnelle (non personnelle) mais indéfinie (non solidaire) des associés ;
- l'unification du régime des nullités ;
- etc.

▶ En définitive, les sociétés civiles sont, désormais, très proches des sociétés commerciales, notamment des SNC.

2. Les sociétés de personnes et les sociétés de capitaux

▶ **Les critères de l'étendue des risques et des responsabilités ainsi que le nombre des associés et l'importance du capital** permettent de distinguer les sociétés de personnes et les sociétés de capitaux. À ces deux catégories fondamentales de sociétés s'ajoute une catégorie hybride ou mixte, la SARL, qui pourrait être rejointe par la SAS.

→ Les sociétés de personnes

▶ **Les sociétés de personnes ou par intérêts sont dominées par l'*intuitu personae* et par l'aspect contractuel.** Elles sont composées d'associés qui se connaissent et se font confiance. C'est pourquoi les parts sociales ou d'intérêt ne sont cessibles qu'avec le consentement de tous les autres associés ; et le décès ou l'incapacité de l'un d'eux met, en principe, fin à la société, sauf clause statutaire contraire. De même, les associés sont indéfiniment et, s'ils sont commerçants, solidairement tenus des dettes sociales. On les qualifie de « **sociétés fermées** ».

▶ Dans la SNC, la SCS, les sociétés civiles, les sociétés en participation, les sociétés créées de fait, tout le monde participe à l'exercice du pouvoir, sauf stipulation contraire.

→ Les sociétés de capitaux

▶ **Les sociétés de capitaux ou par actions sont dominées par les capitaux apportés en dehors de toute considération de la personne**, sauf dans les SA de famille ou de groupe et, plus récemment, dans les SAS. Les actionnaires ne se connaissent pas, et l'exercice du pouvoir est fortement organisé et hiérarchisé. Chaque associé n'est tenu du passif que dans la limite de son apport, et les titres qu'il reçoit en contrepartie sont librement négociables et cessibles, sauf clauses statutaires d'agrément et/ou de préemption. C'est la forme sociale réservée, en principe, aux affaires de grande dimension et où la mort ou l'incapacité d'un actionnaire n'entraîne pas la dissolution de la société. L'exemple type en est la société anonyme.

▶ **La SCA ou société en commandite par actions** (art. L. 226-1 *sq.* C. com.) **constitue un type particulier de société par actions** : c'est une société de personnes pour les associés commandités, comme dans une SNC (*intuitu personae*, commerçant, responsabilité indéfinie et solidaire…), mais c'est une société de capitaux pour les associés commanditaires qui sont des actionnaires, comme dans les SA. Il faut au moins 1 commandité et 3 commanditaires.

▶ **La SAS ou société par actions simplifiée** (art. L. 227-1 *sq.* C. com.) **échappe au formalisme pesant sur la SA**, mais c'est une société de capitaux proche de la SA et de la SCA. La SAS est davantage dominée par une très grande liberté contractuelle et par une forte dose d'*intuitu personae*. Elle est destinée aux petites, moyennes et grandes entreprises, mais elle sert aussi à promouvoir la coopération interentreprises : filiales communes, structure d'accueil pour *joint-ventures* (les aventures communes, conjointes).

▶ Enfin, **la SARL ou société à responsabilité limitée représente un type de société hybride, mixte** :

- **Elle est une société de personnes en raison du fort *intuitu personae* qui préside à sa création et à son fonctionnement**, notamment la cessibilité des parts sociales soumise à une double majorité par tête et en nombre de parts : concrètement, c'est la majorité des associés représentant la moitié des parts sociales qui est exigée (art. L. 223-14 C. com.). Elle est relativement fermée aux tiers étrangers et peut être fermée statutairement à la famille et aux autres associés. Mais le décès ou l'incapacité de l'un de ses membres ne provoque pas sa dissolution (ord. du 25 mars 2004).
- **Elle ressemble, en revanche, à une petite société de capitaux** parce que les associés ne sont responsables que dans la limite de leurs apports. Elle exerce le commerce sous une dénomination sociale, et ses différents organes s'apparentent davantage à ceux des sociétés par actions que des sociétés de personnes.

▶ L'ordonnance du 10 septembre 2015 accentue ce rapprochement. Elle diminue le nombre minimal d'actionnaires dans les sociétés anonymes (SA) non cotées et adapte en conséquence les règles d'administration, de fonctionnement et de contrôle de ces sociétés, sans remettre en cause les compétences et les règles de composition, d'organisation et de fonctionnement de leurs organes.

▶ En revanche, la distinction entre sociétés de capitaux et sociétés de personnes conserve toute sa vigueur **en matière fiscale** : les sociétés de capitaux (SA et SARL, à l'exclusion de la SARL de famille) restent soumises au régime de l'IS, tandis que les sociétés de personnes et les SARL de famille sont soumises à l'IR. Mais il existe des régimes intermédiaires d'option pour l'IS pour certaines sociétés de personnes : SNC, SCS, sociétés civiles, EURL créées par une personne physique, sociétés en participation et sociétés créées de fait. De même, dans les SCA, c'est le régime de l'IR qui s'applique sur la part des bénéfices revenant aux commandités et c'est le régime de l'IS qui s'applique sur la part des bénéfices revenant aux commanditaires.

3. Les sociétés offrant ou non au public des titres financiers

▶ L'ordonnance du 22 janvier 2009 a supprimé la notion d'« appel public à l'épargne » pour la remplacer par l'« **offre au public de titres financiers** ». C'est le critère de l'ouverture ou de la fermeture du capital social. Les sociétés qui peuvent avoir recours à l'offre au public de titres financiers sont les sociétés civiles de placement immobilier (loi du 31 décembre 1970) et les sociétés par actions, notamment les SA et les SCA ayant un capital minimum de 37 000 € (abandon du critère antérieur de 225 000 €).

▶ Ces sociétés sont soumises à un **formalisme de constitution lourd**. Elles sont tenues à des mesures de publicité très complètes destinées à informer les actionnaires et à protéger les épargnants. Elles sont soumises également au contrôle strict de l'Autorité des marchés financiers (AMF), notamment lorsque leurs titres sont cotés en Bourse.

▶ **Ce mode de constitution et de fonctionnement est réservé aux sociétés de grandes dimensions** qui pèsent économiquement très lourd et drainent une épargne considérable en offrant des produits financiers de plus en plus sophistiqués qui, bien entendu, seront créés et gérés par des spécialistes.

4. Les sociétés avec ou sans personnalité morale

On peut distinguer les types de sociétés en fonction de l'existence ou de l'absence de la personnalité morale, laquelle leur est conférée lors de leur immatriculation au RCS. Donc, **seules les sociétés qui ne sont pas immatriculées n'ont pas de personnalité morale**. C'est le cas des sociétés en participation et des sociétés créées de fait.

→ La société en participation

▶ La société en participation relève des articles 1871 *sqq.* du Code civil. C'est la société que les associés ont décidé de ne pas immatriculer et de ne pas soumettre à publicité. Elle est occulte si les associés ne la révèlent pas aux tiers, ou ostensible dans le cas contraire.

▶ **La société en participation se définit comme un contrat de société** où les parties disposent d'une grande liberté dans l'organisation de leurs rapports. À défaut, ce sont les règles applicables aux sociétés civiles ou à la SNC commerciale qui auront vocation à régir la société.

> Par exemple, deux antiquaires constituent une société en participation ayant pour objet l'achat, en salle des ventes, d'un tableau au moyen d'une somme d'argent mise en commun. En ne révélant pas leur entente, ils évitent d'attirer l'attention des concurrents. Une fois le tableau acheté, ils le revendent et se partagent les bénéfices.

▶ **Les associés ne peuvent faire d'apport qu'en jouissance**, et, dans ce cas, le bien apporté reste la propriété de l'associé apporteur ou devient, par convention, la propriété de chacun des associés (c'est l'indivision). Les biens acquis grâce à l'activité sont nécessairement indivis. Chaque associé contracte en son nom personnel et est seul engagé à l'égard des tiers, à condition que la société ne soit pas révélée à ces derniers. Il en est autrement si les associés agissent en tant que tels au su et au vu des tiers, ou encore si un associé s'immisce dans un contrat passé avec un tiers par un autre associé ou profite de ce contrat. Dans ce cas, les associés sont solidairement responsables si la société est commerciale (comme s'il y avait une SNC) et ne sont tenus que proportionnellement à leurs apports si la société est civile.

▶ Le gérant d'une société en participation, dépourvue de personnalité morale, est, en sa qualité de mandataire des associés, responsable des fautes commises à leur égard dans sa gestion.

▶ Un associé de société en participation acquiert de celle-ci des titres détenus en indivision entre les associés.

▶ **Étant dépourvue de personnalité juridique, une société en participation ne peut ester en justice** et le président de son comité de direction, bien qu'étant gérant de droit de cette société, n'a pas qualité pour ester en justice. Toutefois, le gérant, agissant en sa qualité d'associé de la société en participation, est recevable à agir pour obtenir, sur le fondement des dispositions de l'article 873 du Code de procédure civile, une mesure conservatoire ou l'exécution d'une obligation indispensable à la vie de la société. Cependant, une décision récente du Conseil d'État considère qu'une société en participation peut contester en justice un impôt dont elle est redevable. En effet, une telle action est recevable dès lors que la société est redevable de l'impôt en cause. Il en est ainsi même après sa dissolution (CE du 28 mars 2014, n° 339119).

▶ Par application des dispositions de l'article 1872-1 du Code civil, chaque associé d'une société en participation contracte en son nom et est seul engagé à l'égard des tiers, ceci bien que les statuts de la société obligent les associés à faire apport en jouissance à la société des marchés qu'ils ont conclus avec des tiers.

→ La société créée de fait

▶ La société créée de fait est une société **induite de l'attitude de plusieurs personnes** qui se comportent, souvent sans en avoir conscience, comme des associés. Faute d'être immatriculée au RCS, elle n'a pas la personnalité morale, et son **régime** est **celui de la société en participation** (art. 1873 C. civ.). La responsabilité des associés est donc indéfinie, personnelle et soit conjointe si l'activité est civile, soit solidaire si elle est commerciale.

> Par exemple, deux époux ou concubins exploitent en commun le fonds de commerce de l'un d'eux. On peut considérer que l'un a fait un apport de ce fonds à la société, l'autre un apport en argent ou en industrie (c'est-à-dire ses capacités de travail). Ils se partagent les bénéfices et contribuent aux pertes. Si l'on peut mettre en évidence une volonté même implicite de s'associer, qui s'exprime par une participation active à la vie de l'entreprise, tous les éléments constitutifs de la société créée de fait sont réunis (Cass. com., 23 juin 2004, *Bull.* n° 134). On comprend, dans ces conditions, l'intérêt, pour une épouse mariée sous un régime de séparation des biens, collaborant au commerce de son mari, de soutenir l'existence d'une telle société : en cas de divorce, elle participera au partage des biens acquis en commun dans la société et au *boni* de liquidation.

▶ La société créée de fait nécessite l'existence d'apports, l'intention de collaborer sur un pied d'égalité à la réalisation d'un projet commun et celle de participer aux bénéfices ou aux économies ainsi qu'aux pertes éventuelles pouvant en résulter. Ces éléments cumulatifs doivent être établis séparément et ne peuvent se déduire les uns des autres.

▶ Les juges du fond doivent établir l'existence d'un *affectio societatis* à partir d'éléments autres que ceux établissant « *une mise en commun d'intérêts* » ou de biens inhérents à la vie maritale.

▶ **Comme une société créée de fait n'est pas une personne morale**, si ses membres ont agi en qualité d'associés au vu et au su des tiers, chacun d'eux est tenu, à l'égard de ceux-ci, des obligations nées des actes accomplis en cette qualité par l'un des autres associés.

5. Les sociétés de droit privé et les sociétés de droit public

Le critère du secteur – public ou privé – permet de distinguer ces deux formes de sociétés. L'intervention de l'État dans l'économie est une caractéristique traditionnelle en France depuis Colbert (mise en place des manufactures de Sèvres, des Gobelins…). D'où la notion d'« entreprise publique » qui va permettre l'élargissement et la diversification de la notion de « service public ». Malgré une politique de privatisation, il subsiste un certain nombre d'entreprises publiques sous forme de sociétés. Il reste deux manifestations principales du droit des sociétés du secteur public :

- **Les sociétés nationales où l'État détient tout le capital** et où il est représenté au sein du CA avec les salariés et des personnalités compétentes. Les principales activités industrielles publiques sont aujourd'hui les explosifs avec la SNPE et le nucléaire avec le CEA. L'État reste également très présent dans les activités de réseaux : chemin de fer, poste, électricité, gaz, télécommunications.
- **Les sociétés où l'État détient une participation majoritaire ou minoritaire.** Il s'agit, le plus souvent, de sociétés d'économie mixte.

6. Les sociétés de droit commun et les sociétés à statut spécial

Les critères de la vocation, de l'activité et de l'objet social permettent de distinguer ces deux formes de sociétés :

- Les sociétés de droit commun ont une vocation générale et sont régies par le Code de commerce et par les articles du Code civil sur les sociétés. **Ce sont des sociétés à vocation civile ou commerciale, bénéficiant ou non de la personnalité morale :** SNC, SCS, SARL, SA, SCA, SAS, sociétés en participation et sociétés créées de fait.
- Les sociétés à statut spécial, de plus en plus nombreuses, sont créées pour répondre à des besoins spécifiques, à partir de sociétés types dont les formes ne sont pas apparues satisfaisantes. Il s'agit de sociétés particulières soit par leur statut juridique, soit par leur objet : les SEL, les GAEC, les SDR, les sociétés civiles.

2 chapitre

La constitution des sociétés

L'article 1832 du Code civil et, accessoirement, le Code de commerce définissent un droit commun des sociétés commerciales. Ils rattachent la société à la notion de « contrat », dont il convient d'analyser les conditions de fond et de forme et d'en préciser les sanctions en cas de vice de constitution.

I. Les conditions générales du contrat de société

La création de sociétés pluripersonnelles implique la conclusion d'un contrat. Les conditions essentielles à la validité du contrat de société, en application des articles 1130 *sq.* du Code civil, sont le consentement, la capacité, et un contenu licite et certain.

A– Le consentement des associés

Le consentement doit être **intègre** et **sincère**.

1. L'intégrité du consentement

- Le consentement est intègre lorsqu'il est exempt de vice.

- Les vices du consentement se rencontrent rarement en pratique. L'erreur pourrait porter sur la personne d'un associé, sur la nature du contrat conclu ou sur le type de société adopté (art. 1132 *sqq.* C. civ.).

- Le **dol** est plus plausible : il doit avoir été tel que, sans les manœuvres frauduleuses (ou le silence mensonger) de l'un des associés, l'autre n'aurait pas contracté (art. 1137 C. civ.). Enfin, le **vice de violence**, théoriquement possible, est inexistant en jurisprudence. L'article 1143 admet que cette violence puisse résulter de l'abus d'un état de dépendance afin d'en retirer un avantage excessif. Ce texte tient compte de l'exploitation abusive de n'importe quel état de dépendance, économique ou non. Néanmoins, lorsqu'un contractant exploite l'état de dépendance d'un autre, il est rare qu'il cherche à s'en faire un associé et préfère, généralement, lui verser une modeste rémunération.

2. La sincérité du consentement

▸ La sincérité est une exigence plus complexe. La volonté de s'associer doit être sincère et ne doit pas être **simulée**. Il y aurait simulation si le contrat de société (acte apparent) dissimulait une autre convention (secrète) voulue en réalité par les parties : c'est le cas lorsqu'un contrat de société **dissimule** un contrat de prêt (pour échapper à la répression de l'usure), de travail (pour se soustraire aux lois sociales), de vente (pour bénéficier d'une fiscalité avantageuse) ou de donation (pour échapper aux règles protégeant la réserve héréditaire). La simulation porte, ici, sur la nature du contrat.

▸ Est également une société simulée la **société fictive**, qui n'est qu'une société de façade masquant les agissements d'une ou de plusieurs personnes, en l'absence d'apport (ou d'apport fictif) et sans l'intention de s'associer. La simulation porte, ici, sur l'existence même du contrat. Par exemple, une société fictive peut être créée dans le but de permettre une évasion fiscale.

▸ La simulation peut, enfin, porter sur la personne des associés lorsqu'ils ne sont, en réalité, que les **prête-noms** des véritables associés qui préfèrent rester dans l'ombre.

B– La capacité des associés

La capacité est l'aptitude d'une personne à pouvoir participer à la vie juridique.

1. La capacité des mineurs et des majeurs protégés

▸ L'article 1146 dispose que « *[s]ont incapables de contracter, dans la mesure définie par la loi : 1° Les mineurs non émancipés ; 2° Les majeurs protégés au sens de l'article 425* ».

▸ Les sociétés dans lesquelles les associés ont la qualité de commerçant, sont fermées aux mineurs parce qu'ils n'ont pas la capacité commerciale : il en va ainsi des SNC, des SCS et des SCA pour les commandités. Cependant, depuis la loi du 15 juin 2010, ces sociétés sont ouvertes aux mineurs émancipés avec l'autorisation du juge des tutelles.

▶ En revanche, le mineur, même non émancipé, peut être actionnaire d'une SA, commanditaire ou associé d'une SARL – puisque la capacité commerciale n'est pas exigée dans ces situations –, à condition de respecter la loi du 5 mars 2007 portant réforme de la protection juridique des majeurs et des mineurs.

2. La capacité des époux (sociétés entre époux)

▶ Rappelons que la loi du 2 août 2005 en faveur des petites et moyennes entreprises oblige le conjoint à choisir entre 3 statuts : conjoint collaborateur, conjoint salarié ou conjoint associé. C'est cette dernière possibilité qui nous intéresse ici.

▶ Depuis la loi du 23 décembre 1985, deux époux peuvent être, seuls ou avec des tiers, associés dans une société, quelle qu'en soit la forme, et participer ensemble ou non à la gestion sociale (art. 1832-1 C. civ.). Ils peuvent l'être même s'ils souscrivent l'un et/ou l'autre avec des biens de la communauté, sous deux réserves :
- le respect de l'obligation d'information de l'autre conjoint en cas d'apport de certains biens (deniers communs), l'objectif étant de permettre à l'époux non apporteur de revendiquer sa qualité d'associé pour la moitié des parts lors de l'apport en question (art. 1832-2 C. civ.) ;
- le respect de l'obligation d'information et l'exigence du consentement de l'autre conjoint, en cas d'apport d'autres catégories de biens (fonds de commerce, immeubles), sous peine de nullité de l'apport (art. 1832-2, 1424, 1425 et 1427 C. civ.).

3. La capacité des étrangers

Depuis l'ordonnance du 25 mars 2004, la carte de commerçant étranger a été supprimée et remplacée par une autorisation délivrée par la préfecture du département dans lequel le commerçant étranger envisage d'exercer pour la première fois son activité (art. L. 122-1 *sq.* C. com.). Toutefois, les ressortissants des pays membres de l'UE et les titulaires d'une carte de résident sont dispensés de l'autorisation préfectorale. Il en va de même des étrangers qui peuvent se prévaloir d'une convention internationale prévoyant cette dispense.

4. La capacité des personnes morales

▸ L'alinéa 2 de l'article 1145 du Code civil dispose que « *la capacité des personnes morales est limitée par les règles applicables à chacune d'entre elles* ». La capacité est appréciée au regard de l'objet social de la société. Elle est limitée aux actes utiles à la réalisation de leur objet déterminé par les statuts, étant rappelé que les sociétés par actions et les SARL sont, en principe, engagées, vis-à-vis des tiers, même par les actes des mandataires sociaux qui ne relèvent pas de l'objet social.

▸ La capacité des personnes morales est limitée par le principe de spécialité. En effet, les personnes morales sont créées par l'exercice d'une activité déterminée. Concernant les personnes morales de droit public, **l'État peut souscrire au capital d'une société quelconque**, à titre onéreux ou gratuit, ou à titre de rémunération de certains avantages qu'il aurait consentis à cette société. Une loi est nécessaire si l'État entend soit acquérir la majorité du capital social, soit nationaliser la société.

▸ Les **collectivités locales** (régions, départements, communes) ne peuvent avoir la qualité d'associé que dans des sociétés ayant pour objet l'exploitation de services publics locaux ou l'exercice d'activités d'intérêt général, sauf autorisation accordée par décret en Conseil d'État. Elles peuvent, cependant, constituer des **sociétés d'économie mixte** (art. L. 2253-1, L. 3231-6 et L. 4211-1 du Code général des collectivités territoriales).

C– Le contenu licite et certain du contrat de société

Le remplacement de « *la cause licite et l'objet certain* » par « *le contenu licite et certain* » est l'**une des principales innovations de la réforme du droit des contrats**. Toutefois, si la notion de « cause » a disparu, les articles 1162, 1169 à 1171 et 1186 du Code civil maintiennent toutes les fonctions que la jurisprudence leur avait assignées. Quant à l'« objet », il réapparaît dans d'autres articles. Par conséquent, la fusion des notions d'« objet » et de « cause » n'a entraîné aucune véritable modification du droit positif. Les fonctions qu'elles exerçaient ont seulement été regroupées sous la notion unitaire de « contenu » du contrat. Aussi, cette notion permet-elle de contrôler sensiblement les mêmes exigences que celles posées avant la réforme des obligations, soit les exigences relatives à la licéité du contrat, l'objet de l'obligation et l'équivalence des prestations.

1. La définition de l'objet social

Quatre distinctions méritent d'être soulignées :

▶ Il ne faut pas confondre objet (contenu) du contrat de société et objet social

En vertu de l'article 1832 du Code civil, l'objet du contrat de société est la mise en commun de biens ou d'activités en vue de partager les bénéfices et/ou de profiter de l'économie qui pourra en résulter. Il faut s'habituer, dorénavant, à parler davantage de « contenu » du contrat de société que d'« objet ». Le « contenu » doit être déterminé dans les statuts et ne doit pas se confondre avec d'autres notions voisines, notamment avec la cause et l'intérêt social.

▶ L'objet social n'est pas le but du contrat de société

L'objet social correspond, nécessairement, à la raison pour laquelle des personnes se sont associées, autrement dit aux mobiles qui ont conduit à la création de la société, dont la licéité est contrôlée par les juges. Cependant, l'objet social n'est pas le but du contrat de société ; il représente l'ensemble des activités que la société s'est donné pour tâche d'exercer. Ainsi, **l'objet social se rapporte à l'activité par le biais de laquelle les associés entendent réaliser le contenu du contrat de société**. Le but se rapproche de l'ancienne notion de « cause », qui est souvent confondue avec l'objet social dans la mesure où la raison d'être de la société est, précisément, la réalisation de cet objet, notamment dans les contrats à titre gratuit. Or, juridiquement, les deux notions sont distinctes, mais cette distinction n'est pas aisée. Il y a là une explication au remplacement de *« la cause licite et* [de] *l'objet certain »* par la notion de *« contenu licite et certain »*. En application de l'article 1162 du Code civil, le contrat de société doit avoir un contenu effectif, certain et licite. Il est fort à parier qu'en pratique, le défaut de contenu du contrat de société sera exceptionnel, comme ce fut le cas sous l'empire de la cause (art. L. 235-1 C. com.).

▶ L'objet social n'est pas l'intérêt social

Pour certains auteurs, l'intérêt social désigne d'abord l'intérêt commun des associés (art. 1833 C. civ.) ; pour d'autres, il désigne l'intérêt de la société englobant ceux des associés, des salariés, des créanciers, des clients, voire de l'État ; d'autres encore préfèrent parler de « l'intérêt de l'entreprise », qui transcende tous les intérêts catégoriels. L'intérêt social est un **critère fondamental pour qualifier les abus et les « actes anormaux de gestion »** (rémunérations excessives des dirigeants, recette non perçue, etc.). La conception qu'on en a influe, nécessairement, sur le mode de gouvernement et la répartition des pouvoirs au sein de la société entre détenteurs du capital, du savoir et du travail.

▶ **Enfin, l'objet social n'est pas toujours l'activité sociale**

Alors que l'objet social correspond au programme que la société s'est fixé, l'activité sociale est celle qui est réellement exercée par la société. C'est cette activité, c'est-à-dire l'**objet social effectif**, qui devra être prise en considération en cas de conflit avec l'objet social statutaire, notamment pour apprécier la licéité de l'activité.

2. Les intérêts pratiques liés à l'objet social

▶ L'objet social permet :

- de déterminer le régime de chaque type de société et de caractériser si elle est civile ou commerciale, lorsque la forme ne dicte pas cette 2nde solution ;
- de délimiter l'étendue des pouvoirs des dirigeants sociaux.

▶ Il impose une modification des statuts en cas de changement d'activité. Cependant, le dépassement de l'objet social dans les sociétés à risque illimité n'est pas opposable aux tiers de bonne foi (art. L. 223-18 C. com.).

▶ Enfin, la réalisation ou l'extinction de l'objet social entraîne, en principe, la dissolution de la société.

▶ Sur le plan fiscal, le changement complet d'objet social ou d'activité réelle d'une société soumise à l'IS est assimilé à une cessation d'entreprise, beaucoup plus coûteuse (art. 8., loi du 30 déc. 1985). Trois conséquences en découlent :

- la société ne pourra pas reporter les déficits de l'ancienne activité sur les résultats de la nouvelle exploitation ;
- la société sera imposée immédiatement aux bénéfices non encore taxés ;
- les provisions réglementées seront intégrées dans le résultat imposable.

3. Les qualités requises de l'objet social

▶ **L'objet social doit être certain, possible, déterminé ou déterminable**

L'objet social ne doit être ni trop vague ni trop rigide. Les statuts contiennent, souvent, une clause statutaire, dite « ***clause parapluie*** », qui donne une énumération assez longue des opérations que la société peut accomplir. C'est le principe de « spécialité » qui doit prévaloir. Son respect est capital dans les sociétés à risque illimité notamment, l'objectif étant de mettre les associés à l'abri d'actes inopinés de la part des dirigeants.

▶ **L'objet social doit être conforme à l'ordre public**

L'objet social ne peut déroger à l'ordre public par son contenu ou son but. Par conséquent, **l'ordre public prime sur les intérêts des contractants**, même de ceux qui n'entendaient pas lui porter atteinte.

▶ **L'objet social doit être également licite**

La licéité de l'objet social se fonde sur le nouvel article 1128 du Code civil, et ce bien que l'article 1162 ignore, du moins en apparence, toute référence à l'illicéité et aux conventions portant sur des choses qui sont hors du commerce (ancien article 1128).
Le contrat est nul lorsque l'une des parties poursuit un but illicite, même si l'autre partie n'avait pas connaissance de ce but : ainsi, l'exploitation d'une maison close ou l'encouragement des mères porteuses sont des activités illicites.
La licéité s'apprécie par rapport à l'activité effective exercée par la société. La société illicite est frappée d'une nullité absolue et peut être constitutive d'une infraction pénale (art. 225-10 C. pénal). Cependant, une SARL ou une société par actions constituée en vue d'opérations de chantage mais ayant un objet statutaire licite ne peut pas être annulée en justice pour illicéité de son objet réel (Cass. com., 10 nov. 2015). Enfin, une activité, tout en étant licite, peut être interdite sous telle ou telle forme de société : par exemple, l'assurance ne peut être exercée en SNC pour des raisons de sécurité financière.
De même, il peut arriver que l'objet social soit licite et que la société soit, néanmoins, annulée pour but illicite (art. L. 235-1 C. com.) : une société constituée dans le seul but de contourner la législation sur l'exercice de la pharmacie, en étant le prête-nom d'un non-pharmacien, est une société frauduleuse ; l'objet social est licite (exploitation de la pharmacie), mais le but est illicite (détourner la loi sur la pharmacie).
Dans tous les cas, la fraude doit être prouvée. La jurisprudence française n'exige plus que celle-ci soit partagée par tous les associés. L'associé innocent peut donc demander la nullité de la société qui n'a été qu'un instrument de fraude entre les mains de son coassocié.

II. Les conditions propres du contrat de société

A– Les 4 éléments spécifiques du contrat de société

En partant de l'article 1832 du Code civil, les associés doivent s'entendre sur 4 éléments caractéristiques, mis à part l'objet social, pour constituer valablement une société : le nombre des associés, la mise en commun d'apports, la participation aux résultats et l'*affectio societatis.*

1. La pluralité d'associés

▸ **Le nombre d'associés varie selon la forme sociétaire** (*cf.* chap. concernés). Le nombre minimum et le nombre maximum, lorsqu'ils sont prévus par les textes, doivent être respectés tout au long de la vie sociale, à moins que les associés ne décident de transformer la société.

▸ Cependant, un problème délicat peut se poser dans les **sociétés ne comportant qu'un faible nombre d'associés** : cas de 2 associés où l'un décède et où l'héritier devient l'unique coassocié ; cas où l'un des associés rachète toutes les parts des autres associés. Dans les deux cas, on est en présence d'une société normalement vouée à la dissolution. Or l'article 9 de la loi de 1966, repris et complété par l'article 1844-5 du Code civil, considère que la réunion de toutes les parts sociales détenues en toute propriété ou en nue-propriété en une seule main n'entraîne pas la dissolution de plein droit de la société. Il s'agit simplement d'une situation temporaire qui doit être régularisée dans un délai de 1 an légal, avec 6 mois supplémentaires sur décision du juge (art. 1844-5 C. civ.).

▸ **Plusieurs solutions de régularisation peuvent être envisagées :**

1. La société pluripersonnelle se transforme automatiquement en société unipersonnelle (SARL ou SAS).
2. L'associé unique peut soit céder une ou plusieurs de ses parts sociales à un ou plusieurs tiers, soit procéder à une augmentation de capital avec entrée de nouveaux associés (dans un délai de 1 an).
3. L'associé unique peut préférer dissoudre par déclaration au greffe du Tribunal de commerce et mention au RCS.
4. Tout intéressé, en particulier l'administration fiscale, peut demander la dissolution si la société n'a pas été régularisée dans un délai de 1 an (possibilité d'accorder un délai de grâce de 6 mois).

5. Enfin, il est un cas où le nombre maximum des associés dans une SARL dépasse le seuil de 100 : par exemple, suite au décès d'un associé laissant derrière lui plusieurs héritiers (si l'un des 100 associés décède en laissant 2 enfants, le plafond est dépassé). La régularisation s'impose dans un délai de 1 an (art. L. 223-3 C. com.) : soit la SARL se transforme en SA, soit l'un des héritiers (ou plusieurs) cède ses parts aux autres héritiers ou à d'autres associés, soit la société se dissout (cas rarissime), soit le nombre des associés devient égal ou inférieur à 100 pendant le délai de 1 an (par suite du retrait ou du décès d'un ou de plusieurs associés), soit les héritiers constituent une société à laquelle ils apportent leurs parts et qui aura seule la qualité d'associé (holding).

2. La mise en commun d'apports

▶ Le terme « apport » désigne, d'une part, l'opération par laquelle l'associé affecte certains biens ou services à la société qu'il constitue et, d'autre part, la représentation de chaque bien ou service, c'est-à-dire les valeurs mises à la disposition de la société (somme d'argent, immeuble, fonds de commerce, brevet, etc.).

▶ **Seule la fourniture d'un véritable apport permet d'attribuer la qualité d'associé.** Il en résulte que chaque associé doit obligatoirement faire un apport lors de la constitution de la société, que celle-ci soit ou non dotée de la personnalité morale. L'apport est aussi une **manifestation de l'*affectio societatis***. À l'exception de l'apport en industrie, il est aussi un **mode de financement** de l'entreprise et doit donc avoir une valeur pécuniaire qui peut être d'inégale importance selon la nature du bien ou du service apporté et en fonction du capital social exigé.

▶ Par conséquent, l'absence d'apport, ou un apport fictif, non valable, peut entraîner la nullité de la société : brevet périmé, bien grevé d'un passif supérieur à sa valeur brute, etc. (art. 1844-10, al. 1, et 1832 C. civ.).

▶ En contrepartie de l'apport qu'il réalise, tout associé est rémunéré par l'attribution proportionnelle de parts sociales ou d'actions. **L'apport est, ainsi, un acte translatif de droits** (art. 1843-2, al. 1, C. civ.).

▶ L'art. 1843-3 du Code civil distingue 3 catégories d'apports : en numéraire, en nature, en industrie.

→ L'apport en numéraire

▶ L'apport d'une somme d'argent (en espèces, par chèque, par virement ou par compensation avec une créance) est l'apport le plus simple et le plus fréquent. **Les apports en numéraire contribuent à la constitution du capital social.**

▶ **On distingue « la souscription » de « la libération » :** la souscription est la promesse de réaliser l'apport ; la libération est l'exécution de cette promesse par le versement effectif des fonds. La souscription doit être intégrale à la constitution dans toutes les sociétés. La libération doit être d'au moins 1/5e du montant des parts représentant des apports en numéraire dans les SARL (art L. 223-7 C. com.) et de moitié au minimum dans les SA (art. L. 225-3 C. com.). Le surplus doit être libéré, dans les SARL et les SA, dans un délai de 5 ans, sauf disposition statutaire contraire, en fonction des appels de fonds décidés par les dirigeants sociaux.

L'apporteur qui ne verse pas les fonds à l'échéance devient de plein droit débiteur, sans mise en demeure préalable, des intérêts de la somme due au taux légal ou statutaire, même après la dissolution de la société et jusqu'au jour de la liquidation. Il peut même être condamné à des dommages et intérêts si la société subit un préjudice par suite du défaut de libération des apports, même en l'absence de mauvaise foi (art. 1843-3, al. 5, et 1153 C. civ.). L'associé (dans une SA ou une SARL) qui ne respecte pas ses obligations, c'est-à-dire qui ne libère pas le montant de ses actions ou parts sociales (moitié + surplus), s'expose à l'exclusion par vente forcée et publique de ses titres. Il demeure débiteur envers la société de la perte éventuelle de la valeur de son apport, c'est-à-dire de la différence entre le montant de la souscription et le prix auquel l'action ou la part sociale a été vendue.

→ Les apports en nature

Il s'agit de l'apport de **biens meubles ou immeubles, corporels ou incorporels** : fonds de commerce, brevets d'invention, clientèles commerciales ou civiles (à l'exclusion des offices ministériels et du droit au bail d'un local commercial), dès lors qu'ils sont transférables et évaluables. **L'apport en nature**, qui **contribue à la constitution du capital social**, peut être réalisé de trois manières : en propriété, en jouissance ou en usufruit.

▶ L'apport en propriété

Cet apport se réalise par le transfert à la société de la propriété du bien et par sa mise effective à la disposition de la société (art. 1843-3, al. 2, C. civ.). **Il est assimilé à une vente.** L'apporteur est tenu de garantir la société contre toute éviction et tous vices cachés, sans pour autant bénéficier du privilège du vendeur en matière de lésion.

Le transfert de propriété n'intervient qu'au jour où la société est immatriculée au RCS. À partir de cette date, la société supportera seule les conséquences de

la perte ou de la détérioration des biens apportés. Certains d'entre eux (brevets, fonds de commerce, immeubles…) sont soumis à publicité, et leur transfert n'est opposable aux tiers qu'après l'accomplissement des formalités de publicité. Il s'agit là d'une garantie importante pour les créanciers. À l'inverse de la vente, qui est un contrat commutatif rétribué par une somme d'argent, l'apport revêt un caractère aléatoire, puisque l'apporteur reçoit des parts sociales ou des actions dont la valeur va varier en fonction des résultats de l'exploitation sociale (bénéfices ou pertes : dividendes ou contribution au passif).

L'évaluation de l'apport en nature doit être la plus exacte possible, que ce soit au moment de la formation de la société ou en cours de vie sociale, dans l'intérêt des créanciers mais aussi des associés. Deux dangers peuvent intervenir :

- Une sous-évaluation ou une majoration (surévaluation) de l'apport romprait l'équilibre dans la répartition des droits sociaux (moins ou plus de droits sociaux, moins ou plus de droits d'enregistrement).
- Une surévaluation créerait une apparence trompeuse de solvabilité nuisible à la garantie de paiement qu'offre le capital social aux tiers. En cas de surévaluation frauduleuse manifeste, la responsabilité pénale de tous ceux qui y ont contribué peut être engagée (art. L. 241-3 C. com.).

▶ L'apport en jouissance

Peu fréquent, l'apporteur en jouissance met son bien, comme un bailleur, à la disposition de la société, qui peut l'utiliser librement mais non en disposer, c'est-à-dire le céder ou le donner en garantie (art. 1843-3, al. 4, C. civ.).

C'est un droit personnel. **Ce type d'apport n'opère pas de transfert de propriété et, de ce fait, échappe à l'action des créanciers de la société.** L'apporteur a l'assurance de récupérer son bien à la dissolution de la société ; il doit l'entretenir et en faire jouir paisiblement cette dernière.

Si le bien apporté disparaît, l'apporteur supporte les risques et quitte alors la société. L'apport en jouissance peut porter sur un corps certain (bâtiment, fonds de commerce, matériel…) : il est alors successif, et l'apporteur en supporte les risques et l'assurance. En revanche, s'il porte sur des choses fongibles (valeurs mobilières, sommes d'argent) ou tous autres biens appelés à être renouvelés pendant la durée de la société (marchandises), la société devient propriétaire des biens apportés, à charge pour elle d'en rendre une quantité et une valeur égales à l'expiration de la période convenue ; dans ce cas, c'est la société qui en supportera les risques (art. 1843-3, al. 4, C. civ.).

▸ L'apport en usufruit (ou en nue-propriété)

Comme l'apport en propriété, il s'agit d'un transfert de droit réel au profit de la société. Celle-ci peut en user *(usus)* et en tirer profit *(fructus)* mais non en disposer *(abusus)*.
L'associé apporteur conserve la nue-propriété du bien dont la société n'a que l'usufruit jusqu'au décès de l'apporteur ou jusqu'au terme prévu, avec un délai maximum de 30 ans (art. 617 et 619 C. civ.). Mais l'inverse est possible : l'apporteur garde l'usufruit et la société la nue-propriété.

L'**apport en usufruit ou en nue-propriété** peut porter soit sur un bien (il donne lieu à des parts ou des actions en pleine propriété), soit sur des droits sociaux (c'est-à-dire sur des actions ou des parts sociales reçues en contrepartie d'un apport de biens en pleine propriété). Au décès des parents, les enfants ou la société, selon le cas, deviennent pleinement propriétaires du bien ou des titres démembrés. Il y aura, en quelque sorte, dédoublement de la qualité d'associé : c'est le nu-propriétaire qui a la qualité d'associé et qui exerce les droits politiques attachés aux parts ou actions. C'est lui qui participe aux décisions collectives et vote, sauf pour les décisions concernant l'affectation des bénéfices où ce vote est réservé à l'usufruitier. Toutefois, pour les autres décisions, le nu-propriétaire et l'usufruitier peuvent convenir que le droit de vote sera exercé par l'usufruitier. Cette modification permet au nu-propriétaire de déléguer intégralement son droit de vote à l'usufruitier. Cette situation correspond à une pratique fréquente, qui est désormais prévue par la loi n° 2019-744 du 19 juillet 2019.

→ L'apport en industrie

▸ Cet apport est un **engagement pris par un associé de mettre à la disposition de la société tout ou partie de son activité** (styliste, maître de chai, « nez » dans le parfum...) : ses connaissances techniques, ses services, son savoir-faire professionnel, son expérience, sa notoriété, son influence et, plus généralement, son travail en dehors de tout lien de subordination (sinon, l'apport serait requalifié en contrat de travail).

▸ **Ce type d'apport est rarissime** (on préfère les contrats de travail et de collaboration) **et difficile à évaluer. Il ne concourt pas à la formation du capital social** et ne peut constituer un gage pour les créanciers (art. 1843-2 C. civ.), qui ne peuvent pas le saisir. C'est pourquoi il est prohibé dans les sociétés par actions (sauf SCS et SCA pour les commandités). Depuis la loi NRE, l'apport en industrie est expressément autorisé en faveur de tous les associés dans les SARL (art. L. 223-7

C. com.). Il est plus répandu dans les sociétés de personnes (SC, notamment les SCP, SEL) et dans les sociétés en participation ou créées de fait (surtout dans les SA à participation ouvrière et dans les GAEC). Depuis la loi LME du 4 août 2008, il est autorisé dans les SAS – ce qui offre à celles-ci un atout supplémentaire par rapport à la SA et à la SARL. Les statuts fixent librement les modalités de souscription et de répartition des actions d'industrie inaliénables et le délai au terme duquel ces actions ou ces parts font l'objet d'une évaluation.

▶ **L'apport en industrie donne lieu à l'attribution de parts ouvrant droit au partage des bénéfices de l'actif net, à charge de contribuer aux pertes.** Ces parts sont égales à celles de l'associé qui a le moins apporté en numéraire ou en nature, sauf clause statutaire contraire (art. 1843-2 et 1844-1 C. civ.). Les apporteurs en industrie jouissent des droits politiques, participent aux délibérations et interviennent dans la vie sociale. Dans les SARL, les statuts déterminent les modalités selon lesquelles peuvent être souscrites des parts sociales en industrie.

L'apport en industrie se libère successivement, de manière échelonnée dans le temps, au fur et à mesure des services rendus à la société. Son auteur ne peut exercer une activité concurrente à celle qu'il a promise à la société, mais peut exercer une activité étrangère à l'objet social, s'il a le temps (si son activité sociétaire le lui permet) et si les statuts ne le lui interdisent pas. L'appréciation de l'apport en industrie n'est pas toujours aisée.

En réalité, le droit des sociétés reste réservé à l'endroit de l'apport en industrie et privilégie davantage les valeurs capitalistes.

En revanche, le droit fiscal et celui de la Sécurité sociale sont plus sensibles à la distinction entre « associés actifs », qui exercent leur profession au sein de la société et lui réservent, par conséquent, leur industrie, et « associés passifs », seulement motivés par le rendement financier.

→ Le régime fiscal des apports

Les droits d'enregistrement varient selon le type d'apport et le régime d'imposition de l'apporteur et de la société bénéficiaire.

▶ Les apports purs et simples

Ces apports sont effectués par les associés **en échange de droits sociaux** (parts sociales, actions) et sont donc exposés à tous les risques de l'entreprise. Ils sont, en principe, exonérés de droit d'enregistrement, notamment dans les cas suivants : lorsqu'ils sont faits en numéraire ; lorsqu'ils consistent en des biens meubles, des brevets ou des droits de propriété industrielle ; lorsqu'ils portent sur des immeubles, des droits immobiliers, des fonds de commerce, de la clientèle, ou sur un droit au bail.

En revanche, un droit de mutation, selon la nature du bien et la fraction de valeur, est exigible sur les apports de fonds de commerce, de clientèle, d'immeubles ou de droits au bail faits à une société passible de l'IS (SA, SCA, SARL, SAS, SNC ayant opté pour l'IS) par une personne non soumise à cet impôt (c'est-à-dire soumise à l'IR). Toutefois, ces apports sont exonérés lorsque l'apporteur s'engage à conserver ses titres sociaux pendant 3 ans. Le législateur craint que l'adoption de la forme sociétaire ne soit motivée que par les avantages fiscaux, notamment l'appréhension du bénéfice social – du moins partiellement – sous la forme de salaires rémunérant une fonction de direction.

L'**enregistrement**, à l'occasion duquel un droit est perçu au profit du Trésor public, est une formalité fiscale qui est obligatoire pour un grand nombre d'actes.

Le **droit de mutation** est un impôt payé à l'occasion d'un changement de propriétaire d'un immeuble (logement, terrain, bien professionnel). Ce changement peut faire suite à une vente, un héritage ou une donation.

▶ Les apports à titre onéreux

La pratique fiscale désigne par « apport à titre onéreux » la vente d'un bien de l'apporteur à la société qui est **rémunéré par un équivalent ferme et actuel**, définitivement acquis et, par conséquent, soustrait aux risques sociaux. Cet équivalent consiste, souvent, dans la prise en charge, par la société, d'un passif qui grève le bien apporté. Le cas typique est celui de l'exploitant d'un fonds de commerce déficitaire qui en transfère la propriété à une société, laquelle s'oblige seulement à rembourser les dettes. Dans cette hypothèse, c'est le droit de mutation afférent à la nature des biens apportés qui est exigible. Pour les apports de fonds de commerce ou d'immeubles, le droit de mutation est de 3 ou 5,09 % selon le bien et les fractions de valeur. Ce taux est progressif pour l'apport d'un droit au bail ou d'un fonds de commerce.

▶ Les apports mixtes

Les apports mixtes sont constitués à la fois d'apports purs et simples et d'apports à titre onéreux : par exemple, un commerçant qui apporte à une société un fonds de commerce d'une valeur de 70 000 € et un immeuble de 90 000 €, en contrepartie d'actions ou de parts sociales et de la prise en charge d'un passif de 60 000 € lui

incombant. L'apport est à titre onéreux à concurrence de 60 000 € et il est pur et simple pour le surplus, soit 100 000 €.
Sur le plan fiscal, les apports mixtes connaissent les deux régimes : régime des apports purs et simples pour la partie des apports rémunérée en droits sociaux ; régime des apports à titre onéreux pour la partie des apports rémunérée par un équivalent soustrait aux risques sociaux.

→ La réunion des apports en numéraire et en nature : le capital social

En principe, toute société doit disposer d'un capital. Pour les sociétés anonymes, le capital minimum est de 37 000 €. Pour les SARL et les SAS, il est fixé par les statuts et peut être d'une somme modique. Les sociétés civiles et les SNC peuvent également se contenter d'un capital peu élevé ou même symbolique. Le capital minimum de la société européenne (SE) est de 120 000 €. **La nécessité d'un capital résulte d'une exigence juridique, puisqu'il constitue une des mentions obligatoires des statuts (art. 1835 C. civ.).**

▸ La définition du capital social

La définition du capital social n'est donnée par aucun texte. On peut, toutefois, le définir comme **l'ensemble des valeurs apportées par les associés à la société**. Mais **seuls les apports effectués en propriété, que ce soit en nature ou en numéraire, contribuent à sa formation**. Les apports en jouissance et en industrie n'en font pas partie.
D'un point de vue comptable, le capital social figure au passif du bilan car il représente la dette de la société à l'égard des associés, qu'elle remboursera lors de la liquidation du patrimoine social. D'un point de vue financier, le capital social constitue la source originaire des fonds propres de la société. Il se présente comme un instrument de financement de l'activité sociale.

▸ La distinction du capital social avec des notions voisines

Le capital social **se distingue du patrimoine social** dont il n'est qu'une des composantes. Le patrimoine social s'enrichira ou s'appauvrira au gré des résultats financiers.
Le capital social **se différencie également des capitaux propres**, c'est-à-dire de l'actif social net. L'actif net représente l'actif disponible après apurement du passif social, dont les associés ont la libre disposition. Il peut être supérieur, égal ou inférieur au capital social, sachant que, dans les sociétés à risque limité, l'actif net doit être au moins égal à la moitié du capital social (art. L. 223-2 et L. 224-2 C. com.).

▶ Les 3 fonctions du capital social

1. Le capital social **sert à acquérir des éléments d'actif** et présente l'intérêt d'interdire aux sociétés de procéder à une distribution des bénéfices aussi longtemps que l'actif n'est pas supérieur au montant du capital.
2. Il **permet de préciser l'étendue de la responsabilité des associés** dans les sociétés à risque limité **et de fixer le montant de la somme** sur laquelle les créanciers sociaux ne sont pas concurrencés par les créanciers personnels des associés dans les sociétés à risque illimité.
3. Il **permet de déterminer les droits et obligations de chacun des associés**, qu'il s'agisse de droits patrimoniaux ou extrapatrimoniaux. Il s'ensuit que l'associé qui détient la majorité du capital exerce le contrôle de la société.

Le capital social est intangible : il ne peut être modifié sans l'accord des associés. À ce titre, les opérations de modification du capital (augmentation ou réduction) font l'objet d'une réglementation très stricte qui vise à informer les tiers et à assurer l'égalité des associés. La protection des créanciers sociaux se trouve renforcée par l'exigence d'un montant minimum et par l'obligation de consulter rapidement les associés lorsque l'actif social net devient inférieur à la moitié du capital social. Il est même possible de réduire le capital social à zéro pour nettoyer le bilan des pertes, à condition de l'augmenter immédiatement pour recapitaliser la société : c'est le **« coup d'accordéon à l'envers »** (à l'inverse, un « coup d'accordéon à l'endroit » consiste à augmenter le capital social, puis le réduire pour nettoyer le bilan des pertes).

De plus, il est interdit aux associés de distribuer sous forme de dividendes une partie du capital social. Une telle distribution suppose un résultat positif d'activité et l'inexistence de pertes inscrites au bilan.

La règle de la fixité du capital comporte, toutefois, des atténuations :

- En premier lieu, certaines sociétés – notamment les sociétés civiles, les sociétés en nom collectif, les SARL, les SICAV (SA), les coopératives, les SCA et les SAS – peuvent adopter une clause de variabilité du capital. Cette clause rend licite une oscillation de ce capital entre le chiffre fixé par les statuts (capital statutaire) et une valeur qui ne peut être inférieure au 10e du capital statutaire dans les coopératives ou, pour les autres sociétés, au montant minimum du capital social exigé selon la forme de la société (art. L. 331-1 *sq.* C. com.).
- En second lieu, les membres des sociétés civiles bénéficient d'un droit de retrait qui les autorise à récupérer, en cours de vie sociale, leurs apports, soit en nature, soit par équivalent pécuniaire : cela a pour effet de réduire le montant du capital social, contrairement aux sociétés commerciales où les associés doivent attendre

la liquidation de la société pour rentrer en possession des apports après que les créanciers sociaux ont été désintéressés.

3. La participation au résultat

Cette participation est un **élément constitutif du contrat de société** qui se situe au cœur de l'article 1832 du Code civil. Le but même de ce type de contrat est d'obtenir une participation aux résultats de l'exploitation, soit pour partager les bénéfices résultant de l'action commune, soit pour tirer profit des économies qu'elle procure. En contrepartie, le contractant contribue aux pertes.

➔ La notion de « résultat »

À la clôture de chaque exercice, il convient de mesurer le résultat, c'est-à-dire de calculer si l'entreprise a dégagé un **bénéfice** ou si elle a subi une **perte**. La différence représente un bénéfice si les produits sont supérieurs aux charges, et une perte s'ils sont inférieurs. **Le résultat se résume à un seul chiffre au passif du bilan.** Le fiscaliste se saisit, ensuite, du résultat comptable pour calculer l'impôt qui sera dû.

➔ La recherche de bénéfices ou d'économies

▶ Le **bénéfice** « *est un gain pécuniaire ou matériel qui ajouterait à la fortune des associés* », tandis que l'**économie** consiste à procurer certains avantages moraux et/ou matériels à caractère accessoire (achats de marchandises ou de matériels à moindres frais, services communs divers, etc.).

▶ La réalisation des économies par la société ne soulève pas de difficulté particulière pour la détermination des droits individuels des associés. En effet, l'exercice du droit aux économies attaché à la qualité d'associé n'exige ni décision d'affectation ni répartition. Chaque associé profite automatiquement de l'allègement de ses frais généraux résultant de la prise en charge, par le groupement, de certaines activités.

▶ Il en va autrement des bénéfices. Leur répartition, le cas échéant, suppose une réunion en assemblée des associés afin de se prononcer sur l'affectation des bénéfices réalisés. Cependant, l'existence de bénéfices distribuables n'implique pas qu'il y ait nécessairement distribution. Dès lors, plusieurs solutions peuvent être envisagées :

- La 1re solution consiste à **distribuer intégralement les bénéfices** sous forme de dividendes. Cette politique, qui rémunère le capital et néglige l'autofinancement, peut conduire à un endettement excessif. Elle relève donc de l'exception.
- La 2e solution réside dans la **mise en réserve des bénéfices sociaux** (réserve légale, réserve statutaire, réserve libre : art. L. 232-10 et -11 C. com.). Cette stratégie, destinée à favoriser l'autofinancement de tout ou partie des investissements et à prévenir un avenir difficile, n'est pas toujours bien perçue par les associés minoritaires, qui risquent de se désintéresser des affaires sociales.
- La solution intermédiaire, probablement la meilleure, consiste à **combiner les deux opérations précédentes**. Elle demeure, cependant, plus difficile à mettre en œuvre. En effet, les sociétés ne distribuent pas toujours des bénéfices. Cette situation résulte de l'existence d'autres types de rémunérations (perception d'intérêts de comptes courants d'associés, rémunération des dirigeants) qui ne profitent qu'au groupe majoritaire et peuvent entraîner des conflits avec les autres membres de la société.

▸ La répartition des bénéfices suppose, bien entendu, l'existence d'un bénéfice distribuable. Celui-ci est constitué par le bénéfice de l'exercice diminué des pertes antérieures et des prélèvements pour la dotation de la réserve légale et, si elle existe, de la réserve statutaire augmentée du report bénéficiaire (art. L. 232-10 et -11 C. com.).

bénéfice distribuable = bénéfice de l'exercice – [(pertes antérieures + prélèvements pour la dotation de la réserve légale + réserve statutaire) + report bénéficiaire]

➜ La contribution aux pertes et l'obligation aux dettes

▸ Cette contribution est **indispensable à l'existence et à la validité d'une société**. Elle est la contrepartie de la participation des associés aux bénéfices ou à l'économie réalisés (art. 1832, al. 3, C. civ.). Il convient, cependant, de distinguer les pertes et les dettes de l'entreprise, selon la finalité et la nature de la société concernée.

▸ **La contribution aux pertes ne concerne que les rapports entre associés** et non le droit de poursuivre des créanciers (obligation aux dettes). La contribution de chaque associé aux pertes éventuelles se détermine à la liquidation de la société ou lorsque les capitaux propres deviennent inférieurs à la moitié du capital social, avec la possibilité d'opérer un « coup d'accordéon ». En principe, chacun contribue aux pertes proportionnellement à la part de capital qu'il détient dans la société ; mais une répartition inégalitaire est admise, dès lors qu'elle n'est ⱶ léonine (art. 1844-1 C. civ.).

▶ **L'obligation aux dettes concerne les rapports des associés avec les créanciers sociaux.** Elle s'exerce en fonction de la nature de la société et ne peut être modifiée statutairement.

➜ La prohibition des clauses léonines

▶ L'adjectif *léonin* vient du latin *leonimus* (« de/du lion ») et de la locution latine *societas leonina*. Une clause léonine est une **clause exorbitante, excessive**, qui procure un avantage disproportionné à certains associés par rapport à d'autres.

▶ **Certaines inégalités sont tout de même permises :**

- par une clause statutaire (art. 1844-1, al. 1, C. civ.), le pacte social peut prévoir un partage égal des bénéfices et des pertes malgré des apports inégaux et inversement ;
- dans une SA, des actions privilégiées peuvent être créées (appelées « actions de préférence »), qui confèrent à leurs titulaires, à apport égal, des droits plus importants qu'aux titulaires d'actions ordinaires.

▶ **D'autres inégalités ne sont pas permises :** ainsi, un apporteur en industrie ne peut être mieux rémunéré que l'associé qui a le moins apporté en numéraire ou en nature (art. 1844-1, al. 1, C. civ.).

▶ Ces clauses sont valables dès lors qu'il subsiste, pour les autres associés, un espoir de profit et un risque. En revanche, la clause qui attribuerait à un associé la totalité du profit réalisé par la société est interdite. C'est une clause léonine (art. 1844-1, al. 2, C. civ.). Cette attribution de « la part du lion » serait la négation même de la société. Les clauses qui excluraient totalement du profit ou des pertes un associé sont également léonines. Il en va de même de la clause qui mettrait à la charge de l'un d'eux la totalité des pertes (art. 1844-1, al. 2, C. civ.).

▶ Désormais, la présence d'une clause léonine dans les statuts ne peut plus entraîner la nullité de la société. **La clause est simplement réputée non écrite** (art. 1844-1, al. 2, C. civ. ; art. L. 235-1 C. com.).

4. L'*affectio societatis*

L'*affectio societatis* est la **4e règle propre au contrat de société**. C'est un élément spécifique, de nature psychologique (moral), nécessaire à la formation du contrat et à la validité de la société dont il est le critère d'identification. Il est utile non seulement à la naissance de celle-ci mais se manifeste tout au long de la vie sociale. Sa disparition constituerait une menace de dissolution de la société.

→ L'*affectio societatis* : un élément spécifique du contrat de société

▶ Le législateur ne donne aucune définition de l'*affectio societatis*. Cette notion exprime **la volonté au moins implicite de tous les associés de collaborer ensemble, sur un pied d'égalité, en vue de la réalisation de l'objet social**. Mais le contenu de l'*affectio societatis* varie en fonction de la nature de la société et du nombre d'associés.

▶ Cette notion est très présente dans les sociétés où les membres courent d'importants risques patrimoniaux et dans les petites entreprises où les associés, peu nombreux, participent de près à la vie sociale et où certains d'entre eux ont la maîtrise de l'affaire. *A contrario*, l'*affectio societatis* n'a presque aucune signification dans les sociétés par actions de dimension importante. Elle est inexistante dans les sociétés unipersonnelles.

→ Les intérêts de l'*affectio societatis*

▶ L'*affectio societatis* révèle l'existence ou l'inexistence de la société, notamment lorsque celle-ci n'est pas immatriculée au RCS. Elle permet tantôt de différencier la société d'une autre situation juridique, tantôt de distinguer l'associé d'un autre partenaire de la société.

▶ L'*affectio societatis* présente également l'intérêt d'être un critère de qualification de société dans des cas douteux où les parties n'ont pas expressément manifesté leur volonté. C'est surtout dans la reconnaissance des sociétés créées de fait entre concubins, époux ou autres personnes que cette notion a une signification et une valeur pratique.

▶ L'élément intentionnel sert, ensuite, à distinguer la société d'autres situations telles que l'indivision, qui est un état passif ou subi (en général, à la suite d'un décès). De plus, cet état n'est pas durable puisqu'il peut y être mis fin à tout moment, sauf convention contraire.

▶ L'*affectio societatis* constitue, enfin, le critère déterminant qui permet de différencier la société des contrats voisins tels que le contrat de travail ou de prêt avec participation aux bénéfices.

B– Les conditions de forme et de publicité

1. L'exigence de statuts sociaux (art. 1835 C. civ.)

Les statuts de la société sont l'*instrumentum* du contrat de société. Ils doivent être signés en autant d'exemplaires originaux que d'associés, plus ceux qui devront être déposés auprès des administrations et des cocontractants de la société. Ils formalisent le pacte social et les règles de fonctionnement de la future institution. Ils contiennent les engagements des associés. Ces engagements ne pourront pas être augmentés sans leur consentement (art. 1836 C. civ.), et la modification des statuts devra suivre des procédures lourdes et complexes.

→ L'élaboration des statuts sociaux

Le contrat de société suppose des **pourparlers préliminaires entre les fondateurs**, qui vont s'efforcer de trouver d'autres associés. Ils vont s'enquérir des aides publiques, de l'intérêt et du soutien portés à leur entreprise par un ou plusieurs établissements de crédit. Les futurs associés devront également envisager le type de société qu'ils veulent constituer, le montant du capital social, le lieu d'implantation (qui pourra être choisi en fonction de primes ou d'allègements fiscaux), la répartition de leurs fonctions à court, à moyen et à long terme…

→ La rédaction des statuts sociaux

▸ Les statuts doivent être **établis par écrit** (art. 1835 C. civ.). À défaut, il n'y aurait qu'une société créée de fait qui ne serait pas dotée de la personnalité morale ; il n'y aurait qu'un pacte social (accord sur les éléments fondamentaux de la société).

▸ Les statuts doivent contenir les mentions suivantes (art. L. 210-2 C. com.) : la **forme** de la société, sa **durée** (qui ne peut excéder 99 ans, mais la société peut toujours être prorogée), son **appellation**, son **siège social**, son **objet**, le montant du **capital social** (s'il existe) et ses **modalités de fonctionnement**. Depuis la loi PACTE, les sociétés peuvent se doter d'une « raison d'être ». En effet, a été ajoutée à l'article 1835 du Code civil la phrase suivante : « *Les statuts peuvent préciser une raison d'être, constituée des principes dont la société se dote et pour le respect desquels elle entend affecter des moyens dans la réalisation de son activité.* » La raison d'être est un dessein, une ambition, ou toute autre considération générale tendant à l'affirmation de valeurs ou de préoccupations de long terme.

▶ Au-delà de ces mentions, de nombreuses options s'offrent aux associés pour lesquelles, en l'absence de choix, des dispositions supplétives de volonté des parties s'imposeront. En dehors des statuts, des actes de nature variée peuvent être passés : « des protocoles », « des pactes divers » extrastatutaires et autres conventions.

En plus de la rédaction des statuts, les actionnaires ou associés ont la possibilité de rédiger un « **pacte d'actionnaires** » (société de capitaux) ou « **pacte d'associés** » (société de personnes). Il s'agit d'un contrat extrastatutaire conclu entre les actionnaires (ou associés) d'une société qui définit et encadre leur relation au sein de celle-ci. Ce contrat ne vaut qu'entre les parties et ne peut être opposé aux tiers. Un tel pacte est, généralement, conclu lorsque le nombre d'actionnaires (ou d'associés) est relativement faible. Il présente, notamment, l'avantage de la discrétion, dans la mesure où il s'agit d'un contrat confidentiel, au contraire des statuts de société. Il est également plus souple quant aux procédures d'établissement, de révision ou d'abrogation de l'acte. Il permet, enfin, de protéger les intérêts communs et de régler plus facilement les litiges futurs. Néanmoins, dans certains cas, un pacte d'actionnaires peut être qualifié par l'AMF d'« action de concert ». Il faut donc veiller à bien les rédiger : à défaut, les actionnaires (ou associés) agissant de concert seront tenus solidairement des obligations qui leur sont faites par les lois (art. L. 233-10 C. com.).

▶ Les statuts peuvent être **rédigés sous seing privé ou par acte notarié**. L'intervention d'un notaire est obligatoire dès lors qu'il y a apport d'un bien soumis à publicité à la conservation des hypothèques.

→ La signature des statuts sociaux

▶ L'engagement des associés de créer la société se manifeste par la signature de ces statuts. Les associés les signent généralement eux-mêmes, mais ils peuvent aussi désigner un mandataire muni d'un pouvoir spécial (art. L. 223-6 et 225-15 C. com.). **La société, en tant que contrat, est conclue au jour de la signature des statuts, mais elle n'acquerra la personnalité juridique qu'à compter de son immatriculation au RCS.** Elle reste donc, jusque-là, une personne morale en formation. Les associés peuvent décider de constituer la société sous condition suspensive ou résolutoire. Une fois les statuts signés, il convient de procéder aux formalités suivantes :

– l'enregistrement de l'acte de société ;
– l'insertion dans un journal d'annonces légales (JAL) ;

- le dépôt au greffe du Tribunal de commerce (délivrance d'un récépissé de création d'entreprise) ;
- l'immatriculation au registre du commerce et des sociétés (RCS) ;
- l'insertion au Bulletin officiel des annonces civiles et commerciales (BODACC);
- diverses déclarations d'existence de la société.

▶ **L'obligation de déclarer les bénéficiaires effectifs**. Cette notion désigne la personne physique, qui possède ou contrôle la société ou pour le compte de laquelle une opération ou une activité est réalisée (art. L. 561-2-2 C. mon. fin.). L'objectif poursuivi est de renforcer la lutte contre le blanchiment des capitaux, la fraude et le financement du terrorisme, et d'éviter qu'une structure juridique permette la dissimulation d'une ou de plusieurs personnes profitant de diverses opérations sur les marchés. À cet égard, il a été décidé de mieux identifier les personnes qui bénéficient effectivement de l'activité économique d'une société ou entité juridique en instituant une telle obligation. L'identification des bénéficiaires effectifs est érigée en obligation pour un certain nombre d'entités juridiques tenues de s'immatriculer au RCS (les sociétés civiles et commerciales – non cotées –, les groupements d'intérêt économique, les associations et les organismes de placement collectifs). Ce registre est visé aux articles L. 561-2-2, L. 561-46 à L. 561-50, R. 561-1 à R. 561-3 et R. 561-55 à R. 561-63 du Code monétaire et financier.

2. Les formalités à accomplir

▶ Avant l'accès de la société à la vie juridique grâce à son immatriculation au RCS, qui lui confère la personnalité morale (art. L. 210-6, al. 1, C. com. ; 1842, al. 1, C. civ.), toute une série de formalités doit être accomplie. Seules les sociétés qui ne jouissent pas de la personnalité morale sont exemptées de ces formalités.

▶ Le formalisme permet aux fondateurs d'une société et aux futurs associés de connaître leurs droits et obligations. La publicité permet aux tiers (banquiers, clients, fournisseurs, sous-traitants, etc.) de se renseigner facilement sur ladite société.

▶ Des progrès considérables ont été accomplis grâce aux centres de formalités des entreprises (CFE), appelés également « guichets uniques ». Afin de simplifier les démarches liées notamment à la création d'entreprise, la **loi PACTE** prévoit de substituer aux différents réseaux de CFE un « guichet unique électronique », censé constituer l'interface entre les organismes actuellement destinataires des informations collectées par les CFE et les entreprises, quels que soient l'activité, le lieu d'implantation et la forme juridique de ces dernières.

III. Les sanctions des irrégularités de constitution

Une constitution irrégulière de société demeure tout à fait possible. Le non-respect des règles impératives de formation est **sanctionné par la nullité**. Cette sanction est inadaptée au droit des sociétés (insécurité des relations juridiques) ; c'est pourquoi le législateur a adjoint, à la nullité, des procédures de régularisation et de mise en jeu de la responsabilité des auteurs de ladite nullité. Ces procédures sont exigées en droit commun des sanctions.

A– La nullité de la société

Cette nullité est une **sanction exceptionnelle**. Le législateur veut éviter que les associés et les tiers de bonne foi n'en subissent les conséquences. C'est pourquoi il a réduit les cas de nullité et enfermé l'action en nullité dans une réglementation étroite.

1. Les causes de nullité de la société

Ces causes, **au nombre de cinq**, sont énoncées par les articles 1844-10 C. civ. et L. 235-1 C. com.

→ Le non-respect des dispositions générales à tout contrat

La nullité est fondée sur la violation des règles de l'article 1128 du Code civil. C'est le cas pour les sociétés en nom collectif et en commandite simple. En revanche, le régime est plus restrictif pour la SARL et les sociétés par actions dont la nullité ne peut résulter d'un vice du consentement, ni d'une incapacité, à moins que celle-ci atteigne tous les associés fondateurs (art. L. 235-1 C. com.). D'autres causes de nullité des contrats sont plus fréquentes : l'impossibilité, l'illicéité ou le défaut du contenu (anciennement l'objet, l'absence de cause ou la cause illicite), le défaut de consentement.

→ Le caractère illicite ou immoral du contenu du contrat de société

Une société qui aurait un contenu illicite ou immoral ou qui n'aurait pas été constituée dans l'intérêt commun des associés est nulle (art. 1833 C. civ.). Toutefois, la Cour de cassation a évolué sur ce point : pour elle, une SARL ou une société par actions constituée en vue d'opérations de chantage mais ayant un objet statutaire licite ne peut pas être annulée en justice pour illicéité de son objet réel (Cass. com., 10 nov. 2015, n° 14-18.179).

➜ Le non-respect des éléments constitutifs du contrat de société

▶ **Le Code de commerce ne prévoit aucune cause expresse de nullité pour la SARL et la SA**, à l'exception de l'hypothèse exceptionnelle prévue à l'article 225-8. Trois articles méritent d'être cités. L'accent sera mis particulièrement, ici, sur les sociétés fictives :

- L'article 225-8 précise : « *À défaut d'approbation expresse des apporteurs (en nature) et des bénéficiaires d'avantages particuliers mentionnés au procès-verbal (de l'assemblée constitutive), la société n'est pas constituée.* »
- L'article L. 235-1 ne fait référence qu'à la violation d'une disposition expresse de la loi pour justifier la nullité d'une société. Par conséquent, le non-respect d'un texte qui lui est extérieur, en particulier le décret du 23 mars 1967, ne saurait entraîner de nullité, sauf disposition légale contraire ou en cas d'indissociation de la loi et du décret.
- L'article 1844-10 frappe de nullité la violation des règles spécifiques au contrat de société telles qu'elles ressortent de la définition de l'article 1832 de ce Code. Il en est ainsi dans les cas suivants : absence d'au moins 2 associés, sauf s'il s'agit d'une SARL ou d'une SAS qui deviendrait alors unipersonnelle ; absence d'apport ou apport fictif ; défaut d'*affectio societatis* ; défaut d'intérêt commun des associés.

▶ Il n'est pas toujours facile de tracer les frontières d'une société fictive car il faut établir, pour cela, un **faisceau d'indices concordants** : défaut de pluralité d'associés, d'activité sociale, de respect du rite sociétaire, d'autonomie patrimoniale de la société… Une société dominée par une seule personne n'est pas fictive dès lors que les autres coassociés ne sont pas de simples potiches. Les atteintes aux autres dispositions, même impératives, ne génèrent pas toujours de nullité : par exemple, lorsque le capital ou le nombre d'associés est inférieur au minimum légal… Les clauses irrégulières des statuts étant réputées non écrites (par ex., les clauses léonines), une société n'encourt le risque de dissolution que si l'irrégularité subsiste.

➜ Le non-accomplissement des formalités de publicité

▶ L'article L. 235-2 C. com. ne sanctionne d'annulation que l'inaccomplissement des formalités de publicité dans les sociétés en nom collectif et en commandite simple. Cette nullité demeure quand même exceptionnelle, car, au regard de l'article L. 210-7 C. com. (art. R. 210-12 et -13 C. com.), une régularisation est toujours possible ; de plus, le tribunal a toujours la faculté de ne pas prononcer la nullité encourue si aucune fraude n'est constatée (art. L. 235-7 et R. 210-12 et -13 C. com.).

▸ En outre, le contrôle accru exercé par le greffier lors de l'examen de la demande d'immatriculation réduit sérieusement les cas de non-accomplissement des formalités de publicité (art. L. 210-7 et R. 123-10 C. com.).

➜ L'existence d'une fraude

▸ En dépit du silence de la loi et en application de l'adage juridique « ***Fraus omnia corrumpit*** » (« La fraude corrompt tout »), la nullité de la société pourrait être prononcée en cas de fraude. C'est ce qu'a fait la Cour de cassation dans un arrêt du 7 octobre 1998 en jugeant « *qu'un contrat peut être annulé pour cause illicite ou immorale, même lorsque l'une des parties n'a pas eu connaissance du motif déterminant de la conclusion du contrat* ».

▸ **En principe, la fraude ne produit d'effet que dans les sociétés en nom collectif et en commandite simple.** Elle ne saurait être retenue pour les SARL et les sociétés par actions, étant donné que la fraude n'est pas visée par l'article 11 de la directive du 9 mars 1968. La Cour de justice des Communautés européennes (CJCE devenue la CJUE) a interprété ce texte comme excluant les mobiles qui ont incité les fondateurs à créer la société. Cependant, la Cour de cassation, dans plusieurs arrêts, a érigé la fraude en cause générale de nullité des sociétés.

▸ Dans un arrêt du 13 novembre 1990, la Cour de justice de l'Union européenne a été conduite à se prononcer sur l'interprétation à donner de l'article 11 de la directive du 9 mars 1968 qui restreint les causes de nullité des sociétés. La CJUE a jugé que l'expression « objet social » visée à l'article 11 doit s'entendre comme l'objet social défini dans les statuts de la société. Dès lors, elle refuse que soit pris en compte, pour apprécier la licéité de l'objet, l'objet réel de la société. Seul compte l'objet statutaire.

▸ Par son arrêt du 15 novembre 2015, la Cour de cassation rejette le pourvoi en se conformant, pour la première fois, à la position de la CJUE adoptée dans l'arrêt précité.

▸ La chambre commerciale estime que les « *dispositions des articles 1833 et 1844-10 du Code civil doivent, en ce qui concerne les causes de nullité des sociétés à responsabilité limitée, être analysées à la lumière de l'article 11 de la directive 68/151/CEE du Conseil, du 9 mars 1968, repris à l'article 12 de la directive 2009/101/CE du Parlement européen et du Conseil, du 16 septembre 2009* ». Autrement dit,

pour la Cour de cassation, en dehors des cas expressément prévus par la directive, une société ne saurait faire l'objet d'une annulation. On peut en déduire que la haute juridiction entend, à l'avenir, n'apprécier la nullité d'une société qu'au regard du seul texte communautaire. Toutes les causes de nullité qui, jusqu'à présent, étaient admises en droit français et qui ne sont pas prévues par la directive ont donc vocation à disparaître.

▶ Cela concerne :

- les sociétés fictives pour défaut de consentement ;
- les vices du consentement ;
- le défaut d'apport ;
- le défaut d'*affectio societatis.*

▶ La Cour de cassation retient exactement la même solution que celle adoptée par la CJUE pour apprécier l'illicéité de l'objet social. **Seul doit être pris en compte l'objet statutaire.** La chambre commerciale affirme, en ce sens, que « *la nullité d'une société tenant au caractère illicite ou contraire à l'ordre public de son objet doit s'entendre comme visant exclusivement l'objet de la société tel qu'il est décrit dans l'acte de constitution ou dans les statuts* ».

2. La procédure d'annulation

▶ Quand la nullité tend à protéger un intérêt particulier, seul(e) la personne ou le groupe de personnes dont la loi a voulu assurer la protection peut agir en nullité : c'est la **nullité relative**.

▶ Lorsque la nullité sanctionne un vice de portée générale, elle est **absolue** et peut être invoquée par toute personne pouvant se prévaloir d'un intérêt légitime au succès de sa prétention (art. 31 C. pr. civ.), à savoir notamment les associés, leurs créanciers personnels, les dirigeants de la société et les créanciers sociaux.

▶ Deux obstacles à l'exercice de l'action en nullité peuvent se rencontrer :

→ La prescription

▶ L'action en nullité est prescrite à l'expiration d'un délai de 3 ans à compter du jour où la nullité est encourue (art. L. 235-9 C. com.). Cependant, en cas de nullité pour vice du consentement, la prescription ne commence à courir qu'au jour où le vice a été découvert ou qu'au jour où la violence a cessé. Par ailleurs, ce délai de 3 ans peut être interrompu ou suspendu.

▸ Toutefois, à titre d'exemple, ce délai est réduit à 6 mois en cas de fusion ou de scission (art. L. 235-9 C. com.). De même, dans l'hypothèse où la nullité est fondée sur un vice du consentement ou sur une incapacité, tout intéressé peut mettre en demeure la personne habilitée à régulariser, soit de le faire, soit d'agir en nullité dans un délai de 6 mois à peine de forclusion (art. L. 235-6 C. com. ; art. D. 252, al. 1, C. com. et art. 1843-4 C. civ.).

→ La régularisation

▸ **Le législateur a étendu le domaine de la régularisation des sociétés entachées d'un vice** ; il a également assoupli le régime de son action dans la perspective de faciliter la couverture des nullités. L'action en régularisation est ouverte quand les statuts ne contiennent pas toutes les mentions générales (art. L. 210-2 C. com. et art. 1835 C. civ.) et/ou les mentions propres à chaque type de société exigées par les lois et règlements, et/ou si les formalités de forme prescrites pour la constitution de la société (ou la modification des statuts) ont été omises ou irrégulièrement accomplies (art. L. 210-7 C. com. et art. 1839 C. civ.), notamment dans les SNC et les SCS (art. L. 235-7 et R. 235-1 et -2 C. com.).

▸ **La régularisation ne porte pas, normalement, sur l'immatriculation**, qui n'est pas constitutive de la société mais attributive de la personnalité juridique. Toutes les nullités peuvent être couvertes en principe, sauf celles fondées sur l'illicéité de l'objet social (art. L. 235-3 C. com.).

▸ L'action en régularisation peut être **intentée par toute personne ayant intérêt à la régularisation de l'acte** (les associés, les dirigeants, les commissaires aux comptes, les salariés, les créanciers sociaux, le Trésor public, le Ministère public, le président de l'AMF). Tout intéressé peut mettre en demeure la société de régulariser dans un délai de 30 jours. À défaut, il peut demander au président du tribunal de commerce statuant en référé la désignation d'un mandataire chargé d'accomplir la formalité.

▸ **L'action en régularisation est introduite devant le tribunal de commerce pour les sociétés commerciales et devant le tribunal judiciaire dans les autres cas** (art. L. 210-7 et R. 210-12 *sq.* C. com.).

B– Les effets de la nullité de la société

▸ **La nullité entraîne l'anéantissement de l'acte irrégulier de société** à l'égard de tous les intéressés.

▶ Le tribunal doit obligatoirement prononcer la nullité dès l'instant où les conditions sont remplies et qu'aucune des barrières dressées par la loi pour empêcher cette nullité n'a été levée. Dans les rapports avec les tiers, ni la société ni les associés ne peuvent se prévaloir d'une nullité à l'égard des tiers de bonne foi. Cependant, la nullité résultant d'un vice du consentement ou d'une incapacité d'un associé peut être opposée aux autres associés ainsi qu'aux tiers même de bonne foi, mais uniquement par l'incapable et ses représentants légaux, ou par l'associé dont le consentement a été donné par erreur ou à la suite d'un dol ou d'une violence (art. 1844-16 C. civ. et art. L. 235-12 C. com.). Dans les rapports entre associés, lorsque la nullité de la société est prononcée, il est procédé à sa liquidation (art. 1844-15 C. civ.). La nullité d'une société ne produit pas d'effet rétroactif (art. L. 235-10 C. com.).

▶ **La nullité peut entraîner la responsabilité de ceux auxquels l'irrégularité est imputable.**

1. La responsabilité civile

▶ **Trois actions** peuvent être exercées, auxquelles s'ajoute une possible invalidation des clauses illégales :

- La 1re action vise à obtenir l'**indemnisation du préjudice causé par l'annulation de la société** (art. 1844-17 C. civ. et art. L. 235-13 C. com.). L'annulation de la société peut, en effet, engager la responsabilité solidaire des fondateurs et des premiers dirigeants de la société (art. L. 223-10 C. com. pour les SARL et art. L. 225-249 C. com. pour les SA). Aucun texte n'édicte une responsabilité solidaire dans les sociétés en nom collectif ou en commandite simple.
- La 2e action a pour objet la **réparation du préjudice causé par l'irrégularité** susceptible d'entraîner l'annulation, mais seulement dans le cas où la nullité a été couverte (art. 1844-17, al. 2, C. civ. et art. L. 235-13 C. com.). Il s'agit de récupérer les frais de justice engendrés par l'action en nullité notamment, intentée par le demandeur avant la régularisation.
- La dernière action permet d'obtenir (même si la nullité n'était pas encourue) la **réparation du préjudice engendré par le défaut d'une mention obligatoire dans les statuts, ainsi que par l'omission ou l'accomplissement irrégulier d'une formalité exigée par la loi** pour la constitution de la société et pour la modification des statuts (art. 1840 et L. 210-8 C. com.). Il est même possible d'engager la responsabilité des rédacteurs d'actes de sociétés soumis à publicité pour défaut d'information (le notaire, par exemple).

▶ Les clauses statutaires contraires à une disposition impérative des articles 1832 à 1844-9 du Code civil, applicables aux sociétés commerciales et dont la violation n'est pas sanctionnée par la nullité, sont réputées non écrites (art. 1844-10) : par exemple, la clause supprimant ou limitant le droit d'accès d'un associé aux assemblées générales.

2. La responsabilité pénale

▶ Depuis une loi du 15 mai 2001, **le législateur a largement dépénalisé le droit des sociétés** en supprimant de nombreuses infractions. Ainsi, le délit d'omission de déclaration du capital dans les statuts de la SARL a été purement et simplement abrogé.

▶ Il reste, toutefois, quelques délits :

- L'article L. 242-1 du Code de commerce punit de 150 000 € d'amende le fait, pour les fondateurs, le président, les administrateurs ou les directeurs généraux d'une SA, d'émettre ou de négocier des actions ou des coupures d'actions sans que les actions de numéraire aient été libérées à la souscription de la moitié au moins ou sans que les actions d'apport aient été intégralement libérées avant l'immatriculation de la société au RCS. Cette peine peut être portée au double lorsque les actions ou coupures d'actions ont fait l'objet d'une offre au public.
- L'article L. 242-2 du Code de commerce punit ceux qui, frauduleusement, auront fait attribuer à un apport en nature une valeur supérieure à sa valeur réelle (5 ans d'emprisonnement et 9 000 € d'amende). Les fondateurs, les dirigeants, les associés et les commissaires aux apports pourraient être concernés par cette sanction.
- L'article L. 242-3 du Code de commerce punit de 150 000 € d'amende le fait, pour les titulaires ou porteurs d'actions, de négocier des actions de numéraire pour lesquelles le versement de la moitié n'a pas été effectué.

3 chapitre

La personnalité morale des sociétés

La personne morale peut être définie comme un groupement de personnes et de biens, poursuivant un intérêt collectif, auquel est reconnue la personnalité juridique. Exception faite des sociétés créées de fait et en participation, toutes les sociétés sont dotées de la personnalité juridique, qui est distincte de celle de chaque associé.

I. La reconnaissance de la personnalité morale

Toute société, qu'elle soit commerciale ou civile, acquiert la personnalité morale à la date de son immatriculation au RCS. Celle-ci lui donne une identité juridique, lui procure un patrimoine propre et la dote de droits et d'obligations dans ses rapports avec ses membres et entre eux, d'une part, et avec les tiers extérieurs, d'autre part.

A– La notion de « personnalité morale »

1. Les différentes conceptions

▶ Le droit de la personnalité morale fait, depuis longtemps, l'objet d'une controverse se résumant en une opposition entre la théorie de la fiction et celle de la réalité. Cette controverse trouve sa source et son enjeu dans le problème de l'attribution de la personnalité juridique. Charles Aubry et Charles Rau avaient constaté, au lendemain de la promulgation du Code civil (1804), que les sociétés commerciales avaient une autonomie patrimoniale et un domicile. Ces attributs en faisaient donc des personnes, liant personnalité et patrimoine : pas de patrimoine sans personnalité et inversement. C'est ce qu'on appelle « **le patrimoine d'affectation** ». Cette systématisation, non conforme à l'esprit français, a donné lieu à de grands débats théoriques.

▶ En réaction, le juriste prussien Friedrich Carl von Savigny (1779-1861) affirma que seuls les êtres humains sont des personnalités et que **la personnalité morale n'est qu'une fiction** : « *Je n'ai jamais déjeuné avec une personne morale.* » C'est le droit positif qui confère la personnalité juridique à des sujets de droit créés artificiellement.

▶ Cette théorie fut battue en brèche par la **théorie de la réalité** défendue par François Gény (1861-1959). Cette théorie considère que les êtres collectifs sont tout aussi réels que les personnalités physiques. Le raisonnement est simple : l'essence de la personne réside dans sa volonté, dans sa conscience et dans ses œuvres. Or, si les groupements sont pourvus d'une volonté collective, ce sont donc des personnes. Cependant, l'objection majeure est qu'il existe des groupements dépourvus de personnalité juridique bien qu'ayant une volonté collective, comme la société en formation, la société en participation ou la société créée de fait ; à l'inverse, l'EURL ou la SASU, qui sont, par nature, dépourvues de volonté collective, bénéficient, pourtant, de la personnalité morale.

2. La conception française

▶ La Cour de cassation s'est rangée du côté de la théorie de la fiction au cours du XIXe siècle, puis du côté de la **théorie de la réalité technique** au milieu du XXe (C. cass., 2e ch. civ., 28 janv. 1954), selon laquelle il y aurait personnalité morale dès l'instant où existent des intérêts définis, distincts des intérêts individuels des membres du groupement, avec une organisation capable de dégager une volonté pour les défendre.

▶ La consécration fut de courte durée. Pour ne pas donner lieu à des abus, le législateur resta maître d'attribuer à tel groupement le droit de revendiquer la personnalité morale. L'article 1842 du Code civil issu de la loi du 4 janvier 1978 et l'article L. 210-6 C. com. mirent fin à la controverse en ces termes : « *Les sociétés* [...] *jouissent de la personnalité morale à compter de leur immatriculation.* » De même, pour les associations, l'octroi de la personnalité juridique est subordonné à une déclaration faite à la Préfecture et à une publication au *JO*.

▶ Cette personnalité est donc attribuée artificiellement, sur ordre de la loi : c'est le **triomphe de la théorie de la fiction** (C. cass., 2 déc. 1997), qui apparaît alors essentiellement comme un mécanisme, un instrument, une technique d'autonomisation et de personnalisation juridiques du groupement de personnes et de ses activités. Aussi est-il indispensable que cet être juridique ait une organisation rigoureuse destinée à assurer la protection des tiers. C'est pourquoi les personnes morales ne peuvent naître spontanément, sous n'importe quelle forme, avec n'importe quelle organisation, et s'imposer ainsi aux tiers et à la société. En définitive, la personne morale est une structure d'accueil originale en ce sens qu'elle comporte l'attribution de la personnalité juridique.

B– Les actes de la période de formation

En théorie, avant l'immatriculation, c'est le néant. En pratique, la société est le résultat de plusieurs étapes. Elle est en formation pour une période plus ou moins longue selon la conception adoptée.

1. La notion de « société en formation »

▶ **Jusqu'à l'immatriculation, il n'existe qu'un contrat de société.** La société est dite « en période de formation ». Le début se situe avant la constitution, donc avant la signature des statuts, et la fin à la date de l'immatriculation de la société au RCS ou au jour où une juridiction saisie d'un litige requalifie la société en formation en société créée de fait.

▶ L'analyse de la notion de « société en formation » révèle deux situations juridiques distinctes :
- Il s'agit, tout d'abord, d'une **société contractuellement valable**. À ce stade, la société existe déjà dans la mesure où l'immatriculation n'incarne pas une formalité de constitution mais d'attribution de la personnalité morale.
- La société en formation représente un **groupement non encore immatriculé, mais dont les membres envisagent l'immatriculation** : c'est ce qui la différencie de la société en participation. Si, dans la société en formation, l'inscription au RCS constitue une perspective, les associés d'une société en participation conviennent, eux, de ne pas immatriculer leur groupement social.

▶ La distinction entre la société en formation et la société créée de fait n'est pas aisée. Les tribunaux retiennent, en général, le critère du commencement de l'activité sociale (Cass. com., 9 nov. 1987 et 17 mai 1989). Les engagements souscrits pour le compte de la société en formation ont un caractère occasionnel. Ils ont pour unique objectif de préparer le démarrage d'une activité sociale ou de préserver la valeur des biens en nature apportés à la société. À l'inverse, les engagements conclus dans le cadre d'une société créée de fait ou en participation correspondent à une activité développée de façon durable et importante ; ils dépassent l'accomplissement de simples actes requis pour sa constitution (achat d'un matériel, conclusion d'un bail, etc.) ; d'où la **distinction entre les « actes d'exploitation » et les « actes nécessaires à la création de la société »**.

▸ Il résulte de la jurisprudence ci-dessus une antinomie entre ces deux situations : pour un même associé, une société ne peut être à la fois en formation et créée de fait ; en revanche, **société en formation et société créée de fait peuvent se succéder**.

2. Le principe de prise en charge par la société des actes conclus par les fondateurs

▸ Il convient de distinguer les **actes externes** passés avec des tiers des **actes internes** passés entre associés.

▸ S'agissant des **actes passés avec des tiers** (bailleurs, banquiers, fournisseurs, salariés), le principe est que, selon les articles L. 210-6 C. com. et 1843 C. civ., **seule la responsabilité des personnes qui ont agi au nom de la société est engagée**, qu'il s'agisse des fondateurs ou des mandataires. Cette responsabilité joue en cas de défaut de reprise de ces actes après l'immatriculation de la société, donc de l'attribution de sa personnalité morale.
L'exception à ce principe est la reprise des actes accomplis pour le compte de la société en formation. Cette possibilité offerte par les articles L. 210-6 C. com. et 1843 C. civ. met à la charge de la société les actes antérieurs à son immatriculation *« qui sont alors réputés avoir été dès l'origine contractés (l'associé qui a passé l'acte se trouve ainsi rétroactivement déchargé de toute obligation personnelle) par celle-ci »*. Cette solution n'a pas d'incidence sur la responsabilité des associés de SNC.

▸ S'agissant des **actes internes, tant que les statuts ne sont pas signés, aucune relation contractuelle n'unit les associés**. Après la signature des statuts, leurs rapports sont régis par le contrat de société et par les principes généraux du droit applicables aux contrats et obligations (art. 1842, al. 2, C. civ.).

3. La reprise des actes accomplis pour le compte de la société en formation dès l'immatriculation

→ La reprise automatique du seul fait de l'immatriculation

La reprise automatique porte à la fois sur les actes accomplis avant et après la signature des statuts (SARL, SNC, SA).

▸ Avant la signature des statuts

Les articles R. 210-5 et -6 C. com. prescrivent de présenter aux futurs associés, avant la signature des statuts, l'état des actes accomplis pour le compte de la

société en formation, avec l'indication, pour chacun d'eux, de l'engagement qui en résulterait pour la société. Lorsque cette dernière ne fait pas publiquement appel à l'épargne, cet état est annexé aux statuts dont la signature emportera reprise automatique des actes par la société quand elle sera immatriculée. S'ils n'ont pas été annexés, la reprise ne pourra pas se faire automatiquement.
Par ailleurs, si les futurs associés ne veulent pas reprendre ces engagements, il leur suffit de ne pas signer les statuts et la société n'est pas constituée. En revanche, s'ils y sont favorables et qu'ils signent, la société se substituera à eux dès son immatriculation.

▶ Après la signature des statuts, mais avant l'immatriculation

Ici, également, les personnes agissant au nom de la société sont indéfiniment et solidairement responsables, sauf si la société, après avoir été régulièrement immatriculée, reprend les engagements passés. Toutefois, les articles R. 210-5 et -6 C. com. permettent aux associés de donner mandat, dans les statuts ou par acte séparé, à l'un ou plusieurs d'entre eux ou au gérant non associé, de prendre des engagements pour le compte de la société (Cass. civ., 3e ch., 13 mars 1996).
Deux conditions sont requises pour que le mandat soit valide : il faut que les engagements soient déterminés et que les modalités de leur mise en œuvre soient précisées par le mandat. Si ces deux conditions sont réunies, l'immatriculation produira deux effets : elle emportera reprise automatique de ces engagements par ladite société et libération corrélative de celui ou de celle qui les a matériellement souscrits pour le compte de la société.

→ La reprise par décision postérieure à l'immatriculation

À la suite de son accession à la vie juridique, la société peut valablement reprendre les engagements qui ont été souscrits en son nom durant la période de formation mais qui ne figuraient ni sur l'état annexé aux statuts ni dans le mandat spécial (art. 1843 C. civ.). Cette reprise ne saurait opérer tacitement, notamment du seul fait de l'exécution des engagements par les dirigeants de la société. Elle doit résulter d'une décision éclairée et expresse, répertoriée dans le registre prévu à cet effet, de l'assemblée des associés, prise à la majorité (ou par l'associé unique, s'il s'agit d'une EURL), après l'immatriculation de la société.

C– Les mutations de la personne morale

1. Les opérations sur le capital

Le capital d'une société présente, en principe, un caractère de fixité ; cependant, les associés peuvent décider, en principe en AG extraordinaire, d'augmenter ou de réduire ce capital. Dans tous les cas, ces variations entraînent une modification des statuts, des formalités de publicité, et sont soumises aux droits d'enregistrement.

→ L'augmentation de capital

Il existe plusieurs types d'augmentations de capital : celles qui se traduisent par des apports nouveaux, en numéraire ou en nature, entraînant un accroissement des capitaux propres ; celles sans apports nouveaux, entraînant soit une modification des ressources, soit une restructuration des capitaux propres.
Les objectifs sont multiples, les plus courants étant de financer le développement de l'entreprise, d'améliorer sa structure financière, de renforcer la confiance des tiers, de favoriser l'épargne salariale et d'éteindre des dettes en ouvrant le capital aux créanciers.

▶ À l'aide de nouveaux apports

Pour **les apports en numéraire**, la libération des apports s'effectue selon les mêmes règles que celles applicables lors de la création de la société. Pour les sociétés par actions, la libération minimale des apports nouveaux lors de la souscription est, cependant, fixée par la loi au quart de la valeur nominale et à la totalité de la prime d'émission, le solde étant à libérer dans un délai de 5 ans. L'ancien capital doit être intégralement libéré.
Pour **les apports en nature**, les règles de libération sont identiques à celles applicables lors de la constitution de la société (libération intégrale à la souscription). Il n'est pas nécessaire que le capital ancien soit totalement libéré. La valeur de ces apports doit être évaluée par un ou plusieurs commissaires aux apports. L'AG extraordinaire approuve l'évaluation des apports et constate la réalisation de l'augmentation de capital.

▶ Sans apports nouveaux

La compensation de créances consiste à incorporer au capital des dettes financières ou commerciales de la société ; lesdites dettes s'éteignent et les créanciers reçoivent, en échange, des titres ou des droits sociaux. Le capital ancien doit être intégralement libéré. Les créances sur la société doivent être liquides et exigibles. La libération des titres est constatée par un certificat du commissaire aux comptes et du notaire. La loi ne prévoit pas de droit de souscription. La différence entre le prix d'émission et la valeur nominale des titres constitue une prime d'émission.
L'incorporation des réserves est une opération qui n'accroît pas les capitaux propres mais en modifie la structure puisque tout ou partie des réserves vient augmenter le capital de la société. Ce type d'augmentation est réservé aux asso-

ciés anciens. Elle est décidée en AG extraordinaire. Il n'est pas nécessaire que le capital soit entièrement libéré. L'augmentation de capital se réalise, le plus souvent, par l'émission d'actions gratuites dans le cas d'une SA et, plus rarement, par l'augmentation de la valeur nominale des titres. L'émission d'actions gratuites s'effectue à la valeur nominale ; il n'existe donc pas de prime d'émission. Les associés bénéficient d'un droit préférentiel d'attribution attaché à chaque titre ancien.

→ La réduction de capital

Les sociétés peuvent réduire leur capital pour deux raisons distinctes : **assainir la situation financière**, en imputant, sur le capital, des pertes importantes qui ne peuvent être absorbées ni par des bénéfices futurs ni par des réserves ; **rembourser en partie des apports** lorsque les capitaux propres sont jugés trop importants par rapport aux besoins de financement ou pour faire face au retrait d'un ou de plusieurs associés (pour les SARL et les sociétés de personnes).

▸ Par compensation de pertes

La réduction est, en principe, égale à la perte. Elle est opérée soit en diminuant la valeur nominale des actions ou des parts, soit en annulant un nombre d'actions ou de parts.

▸ Par remboursement partiel des apports

Dans le cas d'une réduction de capital non motivée par des pertes, outre les deux modalités présentées ci-dessus, la société peut procéder à la réduction de capital en achetant une partie de ses titres pour les annuler. Toutefois, les créanciers disposent, sous certaines conditions, d'un droit d'opposition à la réduction de capital.

2. La transformation de la personnalité morale

▸ Une société peut changer de forme, et **cette transformation peut se produire par suite d'une disposition légale ou par l'effet de la volonté des associés** (art. L. 210-6 C. com. et art. 1844-3 C. civ.) : « *La transformation régulière d'une société en une société d'une autre forme n'entraîne pas la création d'une personne morale nouvelle* [...]. » L'entreprise continue dans un autre cadre. Il en va ainsi également en cas d'absorption ou de fusion. Cependant, cette règle ne s'applique pas à la transformation d'une société qui n'a plus de personnalité morale faute d'immatriculation dans les délais (Cass. com., 7 janv. 2014).

▸ **La transformation d'une société créée de fait** – qui n'est pas une personne morale – **en une société de droit** dotée de la personnalité juridique, telle qu'une société civile professionnelle (SCP), **entraîne la création d'une personne morale** (CE, 20 déc. 2013).

3. La survie de la personnalité morale durant la liquidation

▶ Pendant la période de liquidation, et pour les besoins de celle-ci, **la personnalité morale de la société dissoute va être maintenue** ; le liquidateur agira en justice au nom de la société (art. L. 237-2 C. com. ; art. 1844-5 et -8 C. civ. pour les sociétés civiles).

▶ **La dissolution d'une société n'entraîne pas la transmission universelle du patrimoine social**, comme pour l'associé unique personne morale, **mais sa liquidation et son partage**. Il en va de même pour l'associé unique personne physique. En effet, la dissolution d'une société unipersonnelle par son associé unique entraîne la transmission universelle du patrimoine de la société à l'associé sans qu'il y ait lieu à liquidation (art. 1844-5, al. 3 et 4, C. civ.).

▶ Dans les textes en vigueur, le changement de la totalité des associés n'entraîne pas de cessation de la personne morale d'origine. L'article 1844-7 du Code civil prévoit les causes de dissolution communes à toutes les sociétés : arrivée du terme, réalisation de l'objet, liquidation judiciaire, décision des associés. La cession de la totalité des parts sociales n'entraîne donc pas, *ipso facto*, la fin de la société, qui se poursuit avec les nouveaux associés. Ainsi, la Cour de cassation a jugé que la cession de la totalité des droits sociaux d'une SNC, accompagnée d'une transformation en SARL, n'entraîne pas la création d'une personne morale nouvelle (Cass. com., 16 oct. 1984). Elle a également précisé que la cession de la totalité des parts sociales d'une SNC n'emporte pas la création d'une personne morale nouvelle, dans la mesure où la société conserve son siège social, son objet social et son capital social (C. cass., 3e ch. civ., 7 avr. 1994).

4. La prorogation de la personnalité morale à l'arrivée du terme

▶ **Une société peut décider de se proroger**. Les associés doivent se réunir 1 an au moins avant la date d'expiration afin de statuer sur la prorogation de la société. **Cette prorogation n'entraîne pas, par elle-même, la création d'une personne morale nouvelle** (art. 1844-3, -6 et -7 C. civ. ; art. L. 210-6 et R. 210-2 C. com.). Elle donne ouverture à un droit fixe d'enregistrement et doit faire l'objet des formalités de publicité. Les associés peuvent librement fixer la nouvelle durée, toutefois limitée à 99 ans (art. R. 210-2 C. com.).

▸ Désormais, lorsque la consultation n'a pas eu lieu, le président du tribunal, statuant sur requête à la demande de tout associé dans l'année suivant la date d'expiration de la société, peut constater l'intention des associés de proroger la société et autoriser la consultation à titre de régularisation dans un délai de 3 mois, le cas échéant en désignant un mandataire de justice chargé de la provoquer.

5. L'abus de la personnalité morale

→ L'abus en droit privé

▸ L'abus de la personnalité morale **est constitué dès lors que la société créée est fictive (ou de façade) ou frauduleuse**. Il en va ainsi lorsque la société a été créée en vue d'une fraude à la loi ou au droit des tiers (créanciers, etc.). Tel est le cas si le débiteur met ses biens à l'abri dans de complaisantes sociétés.

▸ Les principaux critères qui permettent de révéler la « fictivité » de la société sont l'absence de l'*affectio societatis*, la confusion des patrimoines et l'absence d'activité. Les tribunaux rétablissent la réalité, faisant l'impasse sur l'écran de la personnalité morale. La sanction prononcée est, le plus souvent, la nullité de la société abusive et, parfois, l'inopposabilité de l'apport incriminé. La nullité opère sans rétroactivité.

→ L'abus en droit fiscal

▸ S'il est permis d'être habile dans les montages fiscaux, l'abus, lui, est répréhensible. Ainsi, le fait d'organiser son insolvabilité afin d'échapper au recouvrement de l'impôt peut entraîner l'exercice de l'action paulienne de la part de l'administration fiscale (art. 1341-2 C. civ.). Par ailleurs, celle-ci pourra être amenée à appliquer la procédure de l'abus de droit (art. 64 du *Livre des procédures fiscales*) en cas de montage destiné à baisser le montant de l'impôt. Elle pourra, sur le fondement de la simulation ou de la fraude à la loi, considérer la société créée comme fictive ou uniquement pour des considérations fiscales.

▸ En pratique, l'abus en droit fiscal est peu retenu par les tribunaux, notamment s'il existe d'autres motifs légitimes (financiers, juridiques, familiaux, organisationnels…) justifiant l'opération.

II. Les effets de la personnalité morale

A– L'individualisation de la société

Trois éléments identitaires rapprochent une société d'une personne physique : le nom ou l'appellation, le domicile ou le siège social, la nationalité. S'y ajoute sa qualité civile ou commerciale.

1. L'appellation (le nom social)

▶ **Toute société doit avoir une appellation figurant dans ses statuts** (art. L. 210-2 C. com.). Il faut prendre garde à ne pas confondre la « raison sociale », qui désigne le nom des sociétés civiles, avec la « dénomination sociale », terme utilisé pour les sociétés commerciales. Les sociétés choisissent librement leur dénomination sociale qui peut être liée à leur objet, une dénomination de fantaisie, ou comporter le nom d'un ou de plusieurs associés. La dénomination doit être précédée ou suivie immédiatement de l'indication de la forme de la société et, s'il s'agit d'une société anonyme ou d'une SARL, du montant de son capital social (art. L. 221-2, 222-3, 223-1 et 224-1 C. com.).

▶ Le choix de la dénomination sociale **ne doit pas porter atteinte aux droits que des tiers pourraient déjà avoir sur cette appellation** (art. L. 111 du Code de la propriété intellectuelle). La Cour de cassation a estimé, dans l'affaire Bordas, que le patronyme est devenu un signe distinctif détaché de la personne physique qui le porte pour s'appliquer à la personne morale qu'il distingue et qu'il est objet de propriété incorporelle, sauf convention contraire (Cass. com., 12 mars 1985).

▶ Il est recommandé de **déposer la dénomination adoptée** comme marque de service après avoir effectué une recherche auprès de l'INPI (Institut national de la propriété industrielle) qui a en mémoire la totalité des appellations de sociétés (art. 711-4 et 713-6 du Code de la propriété intellectuelle). Le changement de dénomination sociale n'entraîne pas création d'une personne morale nouvelle mais exige le respect des dispositions concernant les modifications statutaires.

2. Le siège social

▶ Toute société doit avoir un siège social, qui est mentionné dans les statuts (art. L. 210-2 *sq.* C. com.). Celui-ci est, généralement, situé sur le lieu du principal établissement, là où se trouvent les organes de direction et les services administratifs, le centre de la vie juridique de la société. Il est donc souvent distinct du lieu d'exploitation.

▶ **Le siège social permet de déterminer la juridiction compétente en cas de litige avec un salarié**, même si celui-ci a été chargé de l'exploitation d'un autre établissement (Cass. com., 11 janv. 2017), **ou d'assignation en justice par un tiers** (art. 43 C. pr. civ.), sous réserve, dans ce second cas, de l'application de la jurisprudence des « gares principales » : une société peut être assignée dans le ressort des succursales, agences ou directions régionales pour les opérations effectuées par ces dernières.

▶ Le siège peut, parfois, être fictif pour bénéficier – outre-mer, par exemple – d'un régime fiscal plus favorable ou d'aides à la création d'entreprise. Lorsque la « fictivité » du siège est établie, **les tribunaux ont un pouvoir souverain pour déterminer le siège réel** ; les tiers peuvent choisir entre le siège statutaire fictif et le siège réel. La décision de transfert du siège social doit être prise dans les conditions prévues pour les modifications statutaires. Si le transfert s'effectue vers l'étranger et entraîne un changement de nationalité, l'accord unanime des associés est, en principe, exigé.

3. La nationalité

▶ La reconnaissance légale de la nationalité des sociétés est consacrée dans les textes du Code de commerce (art. L. 222-9, L. 223-30 et L. 225-97).

▶ **Quatre critères sont, généralement, proposés pour rattacher une société à un État** : le centre d'exploitation ; le siège social ; le contrôle, qui tient compte de la nationalité de ceux qui ont apporté les capitaux ou qui la dirigent ; « l'incorporation », qui rattache la société à la loi du pays où elle a été constituée et enregistrée, même si son siège réel est situé dans un autre pays.

▶ **Le traité de Rome, en matière de droit d'établissement, a retenu des critères très larges** (art. 58, al. 1). Deux de ces critères – le siège social et le contrôle – sont utilisés par le droit français. Le caractère sérieux et réel du siège social est le premier des critères. Cependant, dans des situations exceptionnelles, notamment pour résoudre certaines difficultés liées à l'état de guerre et pour protéger certains secteurs sensibles, le critère du contrôle, plus protecteur des intérêts nationaux, est utilisé : par exemple, pour les entreprises de transport aérien, les sociétés propriétaires de navires, les sociétés concessionnaires de services publics, les entreprises de presse, l'industrie militaire, etc.

B– L'autonomisation du patrimoine de la société

1. Distinction entre patrimoine social et capital social

▸ **Cette distinction appelle à examiner la place des capitaux propres, qui correspondent au patrimoine social.** Le montant de ces capitaux correspond à la somme algébrique des apports (capital, primes d'émission, d'apport ou de fusion), des écarts de réévaluation, des réserves (légales, statutaires, libres ou exceptionnelles), du report à nouveau créditeur ou débiteur, du bénéfice de l'exercice, des subventions d'investissement et des provisions réglementées.

▸ Lorsque les capitaux propres dépassent le montant du capital social, la société est en bonne santé. Elle a une capacité d'autofinancement. À l'inverse, lorsque les capitaux propres sont inférieurs à la moitié du capital social, la société est en difficulté. Les dirigeants sont tenus de convoquer les associés dans les 4 mois qui suivent l'approbation des comptes ayant fait apparaître cette perte, afin de décider de la dissolution anticipée de la société ou de sa continuation (art. L. 223-42, al. 2, L. 225-248, al. 1, et L. 227-9, al. 2, C. com). Les dirigeants qui ne procèdent pas à cette consultation engagent leur responsabilité pénale (art. L. 241-6, L. 242-29 et L. 244-1 C. com.). Si la dissolution est écartée, la société dispose, pour régulariser sa situation, d'un délai expirant à la clôture du 2e exercice suivant celui au cours duquel la constatation des pertes est intervenue.

2. Comment une société régularise-t-elle sa situation financière ?

▸ Une société a deux options : soit **elle reconstitue ses capitaux propres** à concurrence d'une valeur au moins égale à la moitié du capital social, par tous les moyens (bénéfices, abandon de créances, augmentation du capital…) ; soit **elle réduit son capital** (lorsque c'est possible) d'un montant au moins égal à celui des pertes qui n'ont pu être imputées sur les réserves (art. L. 223-42 et L. 225-258 C. com.) ou au moyen d'un coup d'accordéon (*cf.* chap. 2, p. 54).

▸ Ainsi, lorsqu'une société sollicite des investisseurs extérieurs pour qu'ils souscrivent à une augmentation du capital, ceux-ci peuvent exiger qu'elle procède, d'abord, à une réduction de son capital. En conséquence, les pertes accumulées des précédents exercices vont être apurées par les associés en place. Puis les investisseurs extérieurs, voire les associés actuels qui sont titulaires d'un droit préférentiel de souscription (DPS) vont souscrire à l'augmentation du capital.

▸ Lorsque le DPS a été maintenu, il arrive que les associés minoritaires ne puissent souscrire à l'augmentation, faute d'argent. N'étant plus associés en raison de la réduction préalable du capital à zéro, ils sont exclus de la société, qui reste aux mains des associés majoritaires ayant pu souscrire aux actions nouvelles. Pour autant, l'opération n'est pas constitutive d'un abus de majorité, dès lors qu'elle est justifiée par l'intérêt social (survie de la société ayant subi des pertes) et qu'elle ne favorise pas les majoritaires au détriment des minoritaires. Tous les actionnaires exclus de la société peuvent la réintégrer en souscrivant aux actions nouvelles (Cass. com., 17 mai 1994). Il est même possible de décider d'une réduction du capital à zéro et d'une augmentation subséquente réservée à un tiers par suppression du DPS des anciens actionnaires. Dans ce cas, tous les actionnaires sont exclus de la société au profit du tiers (Cass. com., 18 juin 2002).

3. Distinction entre patrimoine des associés et patrimoine social

▶ **Les associés ne sont pas copropriétaires des biens qu'ils ont apportés**. Ils ne sont titulaires que de droits sociaux (parts sociales ou actions) comportant des droits financiers (droit aux bénéfices, au boni de liquidation…) et des droits politiques (droits d'accès aux assemblées, de vote, à l'information…). Si la société tombe en cessation de paiements, le redressement ou la liquidation judiciaire ne s'applique, en principe, qu'à elle seule.

▶ Cette séparation des patrimoines est souvent mal comprise par les associés fondateurs et majoritaires. **Ceux-ci ont tendance à confondre volontiers leur patrimoine personnel et le patrimoine social**. Le rappel à l'ordre est douloureux quand il se traduit par une mise à leur charge de tout ou partie des dettes sociales au cours d'une procédure de liquidation judiciaire (art. L. 651-2, L. 652-1 et L. 653-1 *sq.* C. com.). Ils peuvent même être condamnés pénalement pour abus de biens sociaux (art. L. 241-3 et L. 242-6 C. com.). Cette confusion est particulièrement à craindre dans les EURL du fait que l'associé unique, souvent gérant, considère celle-ci comme « son affaire ».

4. Le droit des créanciers sociaux et des créanciers personnels

▶ Dans les sociétés de capitaux, les **créanciers sociaux** ont un droit de gage exclusif sur le patrimoine social par rapport aux créanciers personnels des associés. Dans les sociétés de personnes, ils ont également un droit de gage sur le patrimoine de chacun des associés tenus indéfiniment et solidairement en cas de carence de la personne morale.

▶ **Les créanciers personnels** des associés n'ont aucun droit sur le patrimoine social. Ils ne peuvent saisir que les parts ou les actions de leurs associés débiteurs, ainsi que les sommes éventuellement dues par la société à ces derniers. Il ne peut y avoir non plus compensation entre les dettes personnelles d'un associé et les créances de la société, et inversement.

5. La situation particulière de la cession massive des droits sociaux : la cession de contrôle

Le fait de céder la quasi-totalité des droits sociaux entraîne-t-il la cession de l'entreprise et des éléments corporels et incorporels qui la composent ? À partir de quel seuil y a-t-il cession de contrôle ? En droit des sociétés, il y a cession de contrôle lorsque les cessionnaires disposent de la majorité des droits de vote. Il y a même une présomption de contrôle à partir de 40 % des droits de vote. Cependant, dans le calcul, il faut tenir compte des droits de vote double, des actions à dividende prioritaire sans droit de vote susceptibles de recouvrer un jour le droit de vote, des certificats de vote, de l'existence d'obligations convertibles en actions et, plus généralement, des actions de préférence.

→ La nature juridique de la cession de contrôle

▸ L'article L. 210-6 du Code de commerce prévoit que la cession de contrôle n'est pas une cession de fonds de commerce, mais, juridiquement, une cession de droits sociaux et, économiquement, une cession de l'entreprise.

▸ En principe, la cession de droits sociaux est un acte civil, mais, si la cession de contrôle touche à l'organisation d'une société commerciale, cette cession relève de la compétence du Tribunal de commerce (art. L. 721-3, al. 2, C. com.). Les solutions particulières aux actes de commerce (liberté de la preuve, clause compromissoire, prescription, solidarité) s'appliquent.

→ Les garanties liées à l'opération de cession de contrôle

La cession de contrôle à titre onéreux est assimilée à une vente. Elle emporte garantie du fait personnel et des vices cachés (garanties légales). Elle peut être assortie de clauses de garantie de passif, en application du droit commun (garanties conventionnelles).

▸ Les garanties légales

Le cessionnaire déçu peut obtenir l'annulation de la cession pour vice du consentement. L'erreur ne doit pas porter sur la valeur des titres mais sur la qualité substantielle : par exemple, l'indisponibilité d'un matériel qui constitue l'essentiel de

l'actif de la société (Cass. com., 17 oct. 1995). Il y a dol lorsque le cédant dissimule sciemment la situation réelle de l'entreprise.
L'article 1626 C. civ. prévoit une garantie d'éviction du fait personnel. Cette garantie permet au cessionnaire d'interdire au cédant de se rétablir pour exercer une activité concurrente (et ce même après l'expiration de la clause de non-concurrence), à condition que ce rétablissement soit de nature à empêcher le cessionnaire de poursuivre l'activité économique et de réaliser l'objet social (Cass. com., 21 janv. 1997).
L'article 1641 C. civ. prévoit la garantie des vices cachés. Le cédant doit garantir l'existence de la créance et non pas la solvabilité de la société (débitrice) dont la dette est cédée, autrement dit son passif. Le cessionnaire peut invoquer seulement le défaut de la chose vendue (les titres), c'est-à-dire le défaut affectant les droits sociaux dans leur substance et non l'usage auquel ils sont destinés, comme, par exemple, de poursuivre l'activité sociale.
Toutes ces garanties présentent des incertitudes. C'est pourquoi les praticiens prévoient des garanties conventionnelles.

▶ Les garanties conventionnelles

Les garanties conventionnelles consistent en 4 actes ou types de garanties :

- Il peut s'agir d'une **déclaration** du cédant sur les postes du bilan, ainsi que sur la situation financière et fiscale de la société.
- Il peut s'agir d'une **clause de garantie de passif** par laquelle le cédant s'engage à prendre en charge toutes les dettes, notamment fiscales et sociales, qui apparaîtraient à la date de cession. La garantie peut porter sur la diminution d'actifs (les stocks, par exemple). La clause doit être rédigée avec clarté et précision. Elle est utile en cas de redressement fiscal, de fausse déclaration ou de condamnation de la société à des dommages-intérêts.
- Il peut s'agir d'une **clause de révision** du prix qui ne peut entraîner une restitution supérieure au prix de cession. C'est une garantie de valeur. Cette garantie ne passe pas nécessairement par une révision du prix (révision aléatoire, le prix devant être déterminé et déterminable), mais par le paiement d'une indemnité. Le bénéficiaire est clairement le cessionnaire. Le garant ne s'engage pas à rembourser une partie du prix mais à indemniser l'acquéreur.
- Enfin, la convention portant cession de droits sociaux est, parfois, assortie d'une **clause de réserve de propriété** au terme de laquelle, tant que le prix des droits sociaux n'est pas intégralement payé, le transfert de propriété n'est pas réalisé. Cette clause pose la question de savoir qui a la qualité d'associé pendant la période

de paiement ou de non-paiement. Peut-on retirer au cessionnaire la qualité d'associé en cas de non-paiement du prix au cédant ?

▶ **L'évaluation du prix de cession**

L'article 1843-4 C. civ. révisé, en vigueur depuis le 3 août 2014, dispose que, « *[d]ans tous les cas où sont prévus la cession des droits sociaux d'un associé, ou le rachat de ceux-ci par la société, la valeur de ces droits est déterminée, en cas de contestation, par un expert désigné, soit par les parties, soit à défaut d'accord entre elles, par ordonnance du président du tribunal statuant en la forme des référés et sans recours possible* ».

Il résulte de cet article que la décision du président est sans recours possible. Cette disposition s'applique, par sa généralité, au pourvoi en cassation comme à toute autre voie de recours. Il n'y est dérogé qu'en cas d'excès de pouvoir (Cass. com., 3 mai 2012).

L'expert désigné détermine seul les critères qu'il juge les plus appropriés pour fixer la valeur des droits sociaux, parmi lesquels peuvent figurer ceux prévus dans les statuts. Il est également libre dans son évaluation.

Le champ d'application de l'expertise a été réduit. Jusqu'à présent, celle-ci s'appliquait dans tous les cas où étaient prévus la cession ou le rachat de droits sociaux. Désormais, elle n'est obligatoire que dans les cas où la loi renvoie à l'article 1843-4 « *pour fixer les conditions de prix d'une cession* » des droits sociaux d'un associé ou le rachat de ceux-ci par la société (art. 1843-4, I, al. 1), ou dans les cas où les statuts prévoient la cession des droits sociaux d'un associé ou le rachat de ces droits par la société sans que leur valeur soit déterminée ou déterminable (art. 1843-4, II, al. 1).

C – La représentation de la société

1. Aptitude de la société à être titulaire de droits

▶ **On distingue, ici, la capacité d'exercice et la capacité de jouissance.** Cette dernière est l'aptitude d'une société commerciale à être titulaire de tous droits pécuniaires et extra-pécuniaires sous réserve du principe de spécialité légale et statutaire (art. 1145 C. civ.). En revanche, pour pouvoir exercer ces droits, c'est-à-dire sa capacité d'exercice, la société doit recourir à des personnes physiques (art. L. 223-22, L. 225-21, -25 et -53 C. com.).

▶ On a longtemps fait appel à la notion de « mandat ». Or le dirigeant ne peut pas être le mandataire des associés puisqu'il agit au nom et pour le compte de la société ; il ne peut pas être non plus le mandataire de la société, puisque le mandat doit mettre en présence deux volontés et que la société n'a pas de volonté propre.

▶ **La personne morale (ou société) est représentée par les organes que la loi ou la société a institués.** La capacité de jouissance est le principe ; l'incapacité est l'exception. C'est l'inverse pour la capacité d'exercice. La société est en droit d'agir en justice aussi bien comme demandeur que comme défendeur. Elle peut également se constituer partie civile devant les juridictions répressives.

▶ **La société est représentée en justice par ses dirigeants réguliers.** Ceux-ci peuvent donner à un tiers une délégation spéciale pour exercer, au nom de la société, une action en justice déterminée. Une confusion est souvent opérée, qui tient au cumul, sur une même tête, du pouvoir de décision et du pouvoir de représentation. L'exécution des actes effectués par les dirigeants sociaux se rattache au seul pouvoir de représentation.

2. Les rapports de la société avec les tiers

▶ Les tiers peuvent redouter que le représentant légal n'ait pas été nommé dans des conditions régulières ou qu'il ne soit pas investi des pouvoirs nécessaires à la conclusion des actes déterminés par les statuts. Le droit des sociétés s'est donc efforcé de pallier ces incertitudes par trois dispositions inspirées de la première directive communautaire du 9 mars 1968.

▶ Tout d'abord, **les textes réputent régulière la désignation (ou la cessation des fonctions) d'un représentant légal qui a fait l'objet d'une mesure de publicité légale**. Toutefois, les dispositions du Code de commerce sur l'inopposabilité aux tiers de la nomination d'un dirigeant non publiée ne s'appliquent pas à la représentation de la société en justice. En effet, la Cour de cassation a récemment jugé qu'un gérant est, à compter de sa nomination, habilité à représenter la société au cours de la procédure pénale ouverte à l'encontre de celle-ci, même si cette nomination n'a été publiée au RCS que postérieurement.

▶ Ensuite, il faut distinguer les sociétés à risque limité et les sociétés à risque illimité :

- **Dans les sociétés à risque limité** (SARL, SA, SAS, SCA), les dirigeants engagent la société à l'égard des tiers de bonne foi, même pour les actes qui ne relèvent pas de l'objet social (art. L. 223-18 et 225-35, -51 et -64 C. com.). La société pourra engager la responsabilité personnelle du dirigeant fautif. Cette solution est inspirée par

le souci de protéger le tiers. Toutefois, il existe deux exceptions à l'engagement de la société : si le tiers savait que l'acte dépassait les limites de l'objet social (c'est le cas lorsque le tiers est complice du dépassement de pouvoir du dirigeant) ou ne pouvait pas l'ignorer (par exemple, s'il était lui-même associé de ladite société). La mauvaise foi du tiers est donc un obstacle à sa protection.
- **Dans les sociétés à risque illimité** (SC, SNC, SCS), le gérant engage la société à l'égard des tiers pour les seuls actes qui entrent dans l'objet social, qu'ils soient conformes ou non à son intérêt (art. L. 1849, al. 1, L. 221-5 et L. 222-2 C. com.).

▶ Enfin, quel que soit le type de société, **les restrictions statutaires des pouvoirs des dirigeants sont inopposables aux tiers, même de mauvaise foi, sauf en cas de fraude.**

▶ Par conséquent, la société devra honorer les engagements pris en son nom par les dirigeants en violation d'une clause restrictive de leurs pouvoirs, mais elle pourra mettre en jeu leur responsabilité personnelle.

D– Les responsabilités de la société

1. La responsabilité civile

▶ Celui qui s'estime victime des agissements d'une société ou des fautes commises par ses organes peut lui demander réparation en se fondant sur la **responsabilité contractuelle** (inexécution, mauvaise exécution…) **ou délictuelle.**

▶ Une société répond des fautes qu'elle commet par ses organes agissant dans l'exercice de leurs fonctions. On soulignera, particulièrement, l'impact du développement durable en droit des sociétés et dans le domaine des procédures collectives.

▶ Toutes les causes de responsabilité délictuelle visée aux articles 1240 *sqq.* du Code civil peuvent être invoquées. On peut donc agir directement contre la société sans avoir à mettre en cause la personne qui est intervenue dans la réalisation du dommage.

▶ **En pratique, la société peut être condamnée solidairement (ou *in solidum*) avec son représentant légal.** L'objectif est de responsabiliser les dirigeants et de les inciter à souscrire une assurance spéciale.

2. La responsabilité pénale

▶ **Une personne morale peut être condamnée pénalement au même titre qu'une personne physique.** L'article 121-2 du Code pénal prévoit, en effet, que les personnes morales sont pénalement responsables des infractions commises, pour leur compte, par leurs organes ou leurs représentants. Ce texte pose un principe général : toutes les personnes morales (à l'exception de l'État) et toutes les infractions (contraventions, délits ou crimes) sont visées. Sont logiquement exclues du domaine d'application de l'article 121-2 les sociétés dépourvues de personnalité morale (sociétés en formation, en participation ou créées de fait).

▶ **Peuvent faire l'objet de poursuites pénales aussi bien les personnes morales de droit privé** (sociétés, associations, syndicats, GIE, CE...) **que celles de droit public** (collectivités territoriales, établissements publics...), françaises ou étrangères. Il faut, toutefois, préciser, s'agissant des collectivités et de leurs groupements, qu'ils ne sont responsables que des infractions commises dans l'exercice d'activités susceptibles de faire l'objet de convention de délégation de service public. La disparition de la personne morale empêche les poursuites pénales à son encontre. Il en va, toutefois, différemment lorsque la dissolution intervient dans le cadre d'une opération de fusion/absorption, qui implique la dissolution sans liquidation de la société absorbée. Cette dernière n'a plus d'existence juridique et ne peut donc plus faire l'objet de poursuites pénales. La Cour de cassation a, de surcroît, précisé que la société absorbante ne peut pas non plus être tenue pénalement responsable des faits commis par la société absorbée.

▶ **Sauf rares exceptions (notamment infractions de presse), une personne morale peut engager sa responsabilité pénale pour toutes les infractions (contraventionnelles, délictuelles ou criminelles) pour lesquelles une personne physique peut être condamnée, quel que soit le mode de commission.** En pratique, les infractions les plus fréquentes sont celles en rapport avec les domaines économique (violation des règles de concurrence, contrefaçon, pratique commerciale trompeuse, exercice illégal de certaines activités professionnelles, corruption...), comptable ou financier (comptes ne donnant pas une image fidèle de l'entreprise, blanchiment, infractions boursières...), ou avec la législation du travail (violation des règles de sécurité au travail, harcèlement, discrimination...). Une personne morale peut aussi être condamnée pour fait de complicité.

▶ Pour pouvoir être condamné, l'auteur des faits – l'organe ou le représentant – doit avoir été clairement identifié (Cass. crim., 6 sept. 2016). Les **organes** – rappelons-le – sont les personnes ou ensembles de personnes qui sont désignés, par la loi ou par les statuts de la personne morale, pour agir au nom de celle-ci et pour en assurer la direction et la gestion. La Cour de cassation a admis que l'organe impliqué puisse être un dirigeant de fait. Les **représentants** sont tous ceux qui peuvent agir pour le compte de la personne morale et l'engager aux yeux des tiers.

C'est le cas, notamment, des administrateurs provisoires, mais aussi et surtout des salariés ou des tiers ayant reçu une délégation de pouvoirs.

▶ **En outre, l'infraction doit avoir été réalisée pour le compte de la personne morale.** Cette condition est entendue très souplement par les tribunaux, au point qu'on devrait la considérer satisfaite chaque fois que l'infraction n'a pas été commise dans l'intérêt exclusif de l'organe ou du représentant qui a commis les faits.

▶ **Une personne morale condamnée pour une infraction encourt une amende (puisqu'elle ne peut pas effectuer une peine de prison) d'un montant maximal 5 fois supérieur à celle encourue par une personne physique.** Ce taux est porté à 10 fois en cas de récidive. La peine principale peut, si le texte réprimant l'infraction le prévoit ou en cas de récidive, s'accompagner d'une ou de plusieurs peines complémentaires : la dissolution, l'interdiction d'exercer une activité professionnelle ou sociale, la fermeture d'établissement, etc.

▶ **La responsabilité pénale de la personne morale ne se cumule pas nécessairement avec celle de l'auteur des faits réprimés.** L'exonération de peine peut résulter de causes subjectives ou personnelles : c'est le cas du dirigeant souffrant d'un trouble psychique ou neuropsychique ayant aboli son discernement ou le contrôle de ses actes. En revanche – et à la différence des principes de la responsabilité civile personnelle du dirigeant –, celui-ci ne pourra pas espérer échapper à sa responsabilité pénale en faisant valoir le fait que l'infraction a été commise dans le cadre de l'exercice de ses fonctions de dirigeant (la notion de « faute détachable » ne joue pas ici).

▶ Sur cette question du cumul de responsabilité, **une distinction est établie entre infractions intentionnelles et infractions non intentionnelles**. Ces dernières sont évoquées à l'article 121-3, al. 4, du Code pénal, aux termes desquelles les personnes physiques qui n'ont pas causé directement le dommage, mais ont créé ou contribué à créer les conditions de sa réalisation ou n'ont pas pris les mesures permettant de l'éviter, ne sont responsables pénalement que s'il est établi qu'elles ont soit violé délibérément une obligation particulière de prudence ou de sécurité prévue par la loi ou le règlement, soit commis une faute caractérisée qui exposait autrui à un risque d'une particulière gravité qu'elles ne pouvaient ignorer. Dans le cas des infractions intentionnelles, la règle est plutôt celle du cumul des poursuites ; dans le cas des infractions non intentionnelles, la poursuite de la seule personne morale est privilégiée, la responsabilité de la personne physique n'étant mise en cause que si une faute personnelle est suffisamment établie à son encontre pour justifier une responsabilité pénale.

4 chapitre

L'organisation des sociétés

Une société met en présence des associés, des dirigeants et des organes de contrôle externes.

I. Les associés

Les associés exercent un pouvoir permanent de contrôle et de gestion et prennent des décisions dont dépendra la survie de la société. Ils en définissent la politique et la stratégie, notamment à travers le droit de vote qui leur est conféré. Ils perçoivent des dividendes. Ils contribuent aux dettes et aux pertes sociales.

A– Les droits des associés

Les droits politiques dont jouissent les associés sont, essentiellement, le droit à l'information et le droit de vote. Quant à leurs droits financiers, ils sont incarnés dans les parts ou les actions qu'ils reçoivent en contrepartie de leur participation au capital social (ou à l'activité de la société en ce qui concerne l'apport en industrie).

1. Les droits politiques

En vertu de l'article 1844 C. civ., « *tout associé a le droit de participer aux décisions collectives* ». Cette prérogative revêt deux formes :

→ Le droit d'information sur les comptes sociaux et la politique sociale

Les dirigeants doivent communiquer aux associés un certain nombre de documents qui peuvent être différents suivant la forme sociale. Ce droit est permanent et périodique, soit dans la procédure d'alerte, soit dans l'expertise de gestion. Les associés doivent d'abord poser des questions avant d'engager l'expertise de gestion. L'article L. 225-232 C. com. leur offre la possibilité de poser des questions sur tout fait de nature à compromettre la continuité de l'entreprise. Pour rendre plus efficient ce droit, une procédure de référé-injonction permet à tout intéressé de demander au président du tribunal d'enjoindre, sous astreinte, aux dirigeants de communiquer ces documents ou de désigner un mandataire afin de procéder à cette communication.

→ Le droit de vote

Le droit de vote permet à l'associé de participer aux décisions ordinaires et extraordinaires de la société (augmentation du capital social, réduction du capital social, approbation des comptes...). Il lui permet de contrôler les dirigeants en les révoquant au besoin. Ce droit est, en principe, égalitaire, mais des inégalités légales sont possibles et des inégalités conventionnelles sont permises dans certaines formes sociales, dès lors qu'elles ne sont pas léonines. La Cour de cassation est, ainsi, hostile aux conventions qui suppriment le droit de vote de l'associé.
Les associés peuvent décider de créer des **actions de préférence** qui dérogent au principe de l'égalité en octroyant des droits différents.

Les actions de préférence sont des titres de sociétés auxquels sont attachés des droits particuliers. Ce type d'actions est particulièrement utilisé lors des opérations de levées de fonds, afin de distinguer les droits des associés fondateurs et les droits des investisseurs.
Par principe, un titre ordinaire donne droit à un droit de vote aux assemblées, un droit d'information et un droit au dividende, et la valeur d'une action ordinaire est déterminée en fonction de la valeur de la société et de négociations ultérieures. Une action de préférence permet, en partie, de déroger à ces principes en octroyant à ces titres des droits différents. Ces droits peuvent être avantageux (« action de préférence ») ou désavantageux (« action de dépréférence ») par rapport à une action ordinaire. Il est possible de prévoir que ces actions aient des droits particuliers pour une durée déterminée ou indéterminée, notamment en fonction du propriétaire de l'action.
Les actions de préférence peuvent être sans droit de vote aux assemblées générales ou lors de certaines assemblées générales particulières. Cela permet à des associés minoritaires de conserver leurs pouvoirs sur certains types de décisions, en ne permettant pas aux associés majoritaires titulaires d'actions de préférence de faire valoir leurs voix. Il est, en outre, possible de prévoir que cette absence de droit de vote soit illimitée dans le temps ou s'éteigne à partir d'une opération particulière (IPO, cession,

transformation de la société, etc.). *A contrario*, il est possible de prévoir des actions avec des droits de vote majorés. Cette majoration peut être prévue pour toutes les assemblées ou circonscrites à quelques décisions importantes.
Les actions de préférence peuvent aussi permettre de prévoir un droit au dividende majoré par rapport aux actions ordinaires. Les titulaires bénéficieront, généralement, d'un droit de priorité et d'un droit au bénéfice majoré. Cela permet de dissocier le taux de participation au capital et le taux d'intéressement aux bénéfices de la société. Ce droit majoré peut être déterminé de différentes façons : il peut être fixe ou évoluer en fonction de la durée de détention ou du montant des bénéfices réalisés.
Les actions de préférence peuvent être créées lors de la constitution de la société ou en cours de vie sociale : on parle alors de « conversion des actions ordinaires en actions de préférence ». L'existence des actions de préférence et les droits qui y sont attachés doivent impérativement figurer dans les statuts de la société. Par principe, l'existence de telles actions est donc publique. C'est pourquoi, en pratique, les droits qui y sont attachés sont complétés et précisés dans un pacte d'actionnaires – ce qui permet de garantir la confidentialité et l'efficacité des opérations. Cela permet, en outre, de créer différentes catégories d'actionnaires et de mettre en place certains mécanismes avantageux, notamment dans le cadre d'une levée de fonds.

2. Les droits financiers et patrimoniaux

Les associés reçoivent, en principe, proportionnellement à leurs parts ou actions, des dividendes, qui correspondent à la distribution des bénéfices réalisés. Là aussi, une répartition inégalitaire, non léonine, est possible. Les associés participent également au boni de liquidation lors de la dissolution de la société. Les parts ou actions font partie du patrimoine social. Elles ont une valeur vénale. L'associé peut les céder dans le but de réaliser une plus-value, le cas échéant. Selon le type de société et la volonté des associés exprimée dans les statuts, et surtout selon que les titres sont ou non cotés en Bourse, une telle cession est libre ou exige une majorité plus ou moins élevée.

B – Les pouvoirs des associés

1. Les pouvoirs de gestion et de contrôle

→ Le pouvoir de gestion

Les associés détiennent le pouvoir de décider de l'**affectation des résultats** de l'exercice et de la **distribution des bénéfices** ainsi que, dans les grandes circonstances, du **sort de la société** (sa transformation, sa dissolution, le changement de sa nationalité, la modification de ses statuts – notamment à l'occasion d'une augmentation ou d'une réduction de son capital). La majorité requise n'est pas toujours la même selon qu'il s'agit de décisions ordinaires ou extraordinaires.

→ Le pouvoir de contrôle

▶ Les associés disposent d'un **pouvoir de contrôle général** dans le cadre de l'assemblée annuelle appelée à statuer sur le rapport de gestion, l'inventaire et les comptes. Ils peuvent les approuver ou les désapprouver, donner aux dirigeants un *quitus* de gestion ou le leur refuser. Ce pouvoir est une arme redoutable qui traduit, dans les faits, l'équilibre entre les organes de gestion et les associés voulu par le législateur.

▶ Les associés disposent également d'un **pouvoir de contrôle spécial** des conventions conclues entre la société et les dirigeants ou associés, certaines pouvant être jugées très désavantageuses pour celle-ci dans des conditions qui sont spécifiques à chaque forme sociale.

2. Les modalités d'exercice de ces pouvoirs

▶ Le droit d'information des associés est nécessaire à la prise de décision en toute connaissance de cause. La particularité de l'exercice des pouvoirs par les associés tient aux modalités de consultation de ces derniers, d'une part, et aux différentes catégories de décisions qu'ils peuvent prendre, d'autre part.

▶ En principe, **les décisions sont prises en assemblées ou, dans certains cas, par consultation écrite des associés**. Le réveil récent des actionnaires et des administrateurs, alertés par les derniers scandales et le risque de voir leurs responsabilités engagées, semble rétablir l'équilibre des pouvoirs effectifs en faveur des actionnaires et des pouvoirs propres à chaque organe social. Les récentes innovations législatives et réglementaires, favorables au renforcement de l'information des actionnaires, plaident en ce sens.

▶ **Une AG est obligatoire pour l'approbation annuelle des comptes** ou lorsqu'un ou plusieurs associés représentant une quote-part du capital social demandent sa tenue.

▶ Les associés prennent deux types de décisions :

- **les décisions ordinaires**, qui portent principalement sur la nomination ou la révocation des dirigeants et l'approbation des conventions réglementées, des comptes sociaux et de la répartition des dividendes ;

– **les décisions extraordinaires**, qui portent, quant à elles, essentiellement sur les diverses modifications statutaires… Par exemple, la modification du capital social (art. L. 225-96 C. com.).

▶ Les associés peuvent convenir, par des accords extrastatutaires, de conventions de vote. Ces conventions sont admises par la jurisprudence dans de nombreux cas. Leur exécution peut, cependant, susciter des difficultés, et leur efficacité ne peut être garantie. Ces pactes visent à régler, pour une longue période, le contrôle de la société, la répartition des pouvoirs et la composition du capital. Ils prévoient les moyens d'intervention des minoritaires dans la gestion et les modalités de sortie de la société. Ils sont transmissibles sous certaines conditions.

▶ En contrepartie de droits et de pouvoirs, les associés sont tenus à des devoirs et des obligations : contribuer aux pertes, libérer les apports, non-concurrence… Ils doivent également prendre leurs décisions sans commettre d'abus. À défaut, les associés seront rendus coupables d'abus de majorité, de minorité ou d'égalité. Ces abus appellent l'application de la théorie générale de l'abus de droit dès lors que deux conditions cumulatives sont réunies :

– la décision a été prise contrairement à l'intérêt social (pour les minoritaires et les égalitaires, c'est souvent un acte bloquant la réalisation d'une opération essentielle, profitable à la société) ;
– la décision a été prise dans l'unique dessein de favoriser les membres de la majorité au détriment de ceux de la minorité ou, inversement, dans l'unique but de favoriser leurs intérêts propres.

Abus de majorité. La jurisprudence intervient pour protéger les minoritaires au moyen de cette notion d'« abus de majorité », qui est une application de la théorie de l'abus de droit. Selon cette théorie, si une personne peut user des droits dont elle est titulaire, elle ne peut en abuser au détriment d'autrui. Il en est ainsi lorsque des majoritaires votent, depuis de nombreuses années, la mise en réserve de la totalité des bénéfices, empêchant la distribution de dividendes à l'ensemble des associés, tout en s'attribuant d'importantes rémunérations comme dirigeants ou en affectant ces bénéfices au remboursement de leurs propres comptes courants d'associés (Cass. com., 1er juil. 2003 ; Cass. civ., 3e ch., 12 nov. 2015).

Abus de minorité ou d'égalité. Symétriquement, cette notion permet de protéger les majoritaires des minoritaires (ou égalitaires) qui bloquent toute décision ordinaire ou extraordinaire. La jurisprudence caractérise l'abus de minorité au moyen des deux critères de l'abus de majorité. Il en est, parfois, ainsi lorsque des minoritaires refusent de voter une augmentation de capital nécessaire à la survie de la société ou légalement requise parce que, n'ayant pas les moyens d'y souscrire, ils craignent de perdre leur minorité de blocage.

Sanctions. Les sanctions de l'abus de majorité consistent en la condamnation des majoritaires à des dommages et intérêts, conformément au droit commun de la responsabilité, et l'annulation de la délibération votée, en application de l'article 1844-10, al. 3, du Code civil. En effet, ce texte prévoit, parmi les causes de nullité des délibérations, la violation des dispositions impératives régissant les contrats. Or l'abus commis dans l'exercice du droit de vote lors d'une assemblée affecte, par lui-même, la régularité des délibérations. Et, dans la théorie générale des contrats, la sanction normale de l'irrégularité reste la nullité.

Lorsque l'abus de minorité ou d'égalité est retenu, la sanction ne peut prendre la forme que d'une condamnation à des dommages et intérêts (faute d'avoir été adoptée, la décision ne peut être annulée). Cette réparation pécuniaire ne permet pas de neutraliser les minoritaires, qui pourront persévérer dans leur refus de vote et continuer d'empêcher l'adoption de la résolution pourtant conforme à l'intérêt social. Aussi des juges du fond ont-ils admis un mode de réparation en nature en validant eux-mêmes la décision abusivement rejetée (ce que l'on appelle « la théorie du jugement valant acte ou vote »). La Cour de cassation condamne cette jurisprudence, au motif que le juge ne peut se substituer aux organes sociaux compétents (Cass. com., 31 mars 2009). Tout au plus, les juges peuvent-ils désigner un mandataire *ad hoc* chargé de voter au nom des minoritaires défaillants, mais sans lui indiquer dans quel sens voter, le mandataire devant voter dans le sens des décisions conformes à l'intérêt social (Cass. com., 4 fév. 2014).

C– La sauvegarde de la qualité d'associé

Les associés ne peuvent être exclus qu'exceptionnellement de la société, soit par la volonté du législateur, soit en application d'une disposition statutaire. En revanche, ils peuvent se retirer de la société en cédant leurs titres à un tiers de leur choix accepté par la société ou à la société en cas de refus du tiers choisi.

1. L'exclusion de l'associé

L'interdiction d'exclure un associé est un principe reconnu par la jurisprudence. Pour la Cour de cassation (Cass. com., 12 mars 1996), « *aucune disposition légale ne donne pouvoir à la juridiction saisie d'obliger l'associé qui demande la dissolution de la société par application de l'art. 1844-7-5° C. civ. à céder ses parts à cette dernière et aux autres associés qui offrent de les racheter* ». Cependant, le droit de rester dans la société n'est pas absolu, et la loi, notamment le Code de commerce, autorise, dans des cas très précis, l'exclusion de l'associé :

- dans les sociétés à capital variable, où l'assemblée générale a le droit de décider d'exclure un ou plusieurs associés de la société à la majorité fixée pour la modification des statuts (art. L. 231-6, al. 2, C. com.) ;
- lorsque la société fait l'objet d'un plan de sauvegarde (art. L. 626-4 C. com.) ou que les dirigeants d'une société soumise à une procédure collective sont frappés de faillite personnelle (art. L. 653-9 C. com.) ;
- lorsque l'incapacité ou le vice du consentement d'un associé risque d'entraîner l'annulation de la société (art. L. 235-6 C. com.) ;
- dans l'hypothèse particulière de la réduction du capital social à zéro (art. L. 224-2 C. com. : exclusion naturelle et logique) ;
- dans l'hypothèse d'une réduction du capital réalisée par une réduction du nombre d'actions avec élimination corrélative des actionnaires ne possédant pas le nombre minimum requis (art. L. 225-204 C. com.) ;
- lors du retrait obligatoire des actionnaires détenant moins de 5 % du capital à l'issue de toute offre publique ayant permis à l'initiateur d'en détenir 95 % (art. L. 433-4-III C. mon. fin.) ;
- enfin, possibilité, dans le cas d'une SNC, d'insérer une clause d'exclusion d'un associé dans les statuts, qui constituent le contrat, accepté par les parties, fixant leurs droits et obligations ; il en est de même dans le cas d'une société civile (Cass. com., 20 mars 2012).

2. Les modalités de retrait de l'associé

▸ **L'associé ne doit pas être prisonnier de son titre, mais il n'est pas toujours libre de quitter la société.** Ses droits sont transmissibles ; cependant, s'il ne trouve aucun acquéreur, il restera prisonnier de la société, qui n'est pas tenue de lui rembourser la valeur de ses titres. En effet, le législateur n'a prévu de droit de retrait de l'associé que dans certaines sociétés (art. 1869 C. civ., pour les sociétés civiles ; art. L. 231-6 C. com., pour les sociétés à capital variable). Et, s'il trouve un acquéreur, la société n'est pas tenue de l'accueillir, la cession pouvant être soumise à l'agrément du cessionnaire par les associés. On ajoutera que, depuis la loi Macron du 6 août 2015, lorsque l'État se réserve des actions spécifiques ou *golden shares* dans le capital des grandes entreprises qu'il transfère au secteur privé, si ces entreprises touchent à certains intérêts nationaux en matière d'ordre public, les actionnaires succédant à l'État ne peuvent, sans son accord, céder leurs titres, ouvrir le capital ou réaliser certaines cessions d'actifs.

▶ **La cession.** Elle est libre dans les SA cotées et peut être soumise à agrément dans les autres SA à l'égard des tiers et entre actionnaires. En revanche, la cession est minutieusement réglementée dans les autres formes sociales où elle est soumise à agrément soit à une majorité qualifiée légale ou statutaire, soit à l'unanimité selon les cas. Enfin, l'associé d'une société civile peut se retirer partiellement ou totalement sans préjudice des droits des tiers, dans les conditions prévues par les statuts ou, à défaut, après autorisation par une décision unanime des autres associés. Ce retrait est également possible pour justes motifs par une décision de justice (art. 1869 C. civ.).

▶ **Le rachat.** En principe, un associé ne peut pas exiger le rachat de ses droits sociaux par la société, mais il ne peut pas, non plus, en rester indéfiniment prisonnier. En droit, le retrait est autorisé dans certaines sociétés et certains groupements où *l'intuitu personae* est présent, notamment dans les sociétés civiles et les sociétés à capital variable.

▶ La Cour de cassation a rendu, ces derniers temps, plusieurs décisions relatives aux clauses statutaires prévoyant un **prix en cas de cession ou de rachat forcé de droits sociaux**. Cette jurisprudence est, en général, critiquée par la doctrine commercialiste. Pour elle, aucun statut ni aucun autre pacte ne saurait priver l'associé contraint de quitter la société de la chance de bénéficier d'une expertise indépendante. L'associé ne saurait, à l'avance, renoncer à une disposition d'ordre public destinée à le protéger en lui garantissant un « juste prix » de ses droits sociaux, de ses biens. Néanmoins, si, au moment venu pour l'associé de quitter la société, les parties s'accordent sur l'évaluation du prix des droits sociaux, *« en l'absence de contestation »*, l'article 1843-4 du Code civil ne s'appliquera pas. La Cour de cassation a fait une juste application de ces principes, sans plier devant les intérêts économiques de ceux que protègent les clauses décriées.

▶ L'associé qui se retire demeure **tenu du passif existant** avant que le retrait n'ait été rendu opposable aux tiers.

Clauses de garantie de passif. Des dettes de l'entreprise dont le contrôle est cédé peuvent apparaître après la cession pour des causes antérieures à celle-ci (par exemple, un redressement fiscal de la société après la cession des titres portant sur une période antérieure). Comme ces dettes n'étaient pas apparentes lors de la cession, la valeur des titres du cessionnaire est diminuée d'autant. Aussi, pour lui éviter de supporter ce passif social, il peut être stipulé, dans l'acte de cession, une clause de garantie de passif. Par cette clause, le cédant s'engage à répondre personnellement de dettes

sociales antérieures à la cession, qui se révéleraient ultérieurement. Parfois, il est mis à la charge du cessionnaire l'obligation, dans un délai déterminé, d'informer le cédant de la survenance de tout événement couvert par la garantie, comme une réclamation. L'inexécution de cette obligation empêche alors le cessionnaire d'invoquer le bénéfice de la garantie. Le bénéficiaire de la garantie est souvent le cessionnaire, qui se verra rembourser une partie du prix payé. Mais, en présence d'une stipulation pour autrui, le bénéficiaire de la garantie peut être la société, à qui le cédant versera les fonds nécessaires au règlement du passif, ou même le créancier social, qui sera payé par le cédant. Ces garanties contractuelles relatives à la consistance du passif social, s'ajoutant aux garanties légales, ne privent pas l'acquéreur de droits sociaux qui soutient que son consentement a été vicié du droit de demander l'annulation de la cession sur le fondement de ces dispositions (Cass. com., 3 fév. 2015).

3. L'intangibilité des engagements de l'associé

▶ L'article 1836, alinéa 2, C. civ. dispose qu'« *en aucun cas, les engagements d'un associé ne peuvent être augmentés sans le consentement de celui-ci* », le contrat de société étant la loi des parties. L'AG extraordinaire ne peut imposer à un associé de souscrire à une augmentation de capital contre son gré ; elle ne peut pas non plus bloquer son compte courant, le contraindre à adopter une clause statutaire d'exclusion, ni l'obliger, dans les SNC, à verser des fonds complémentaires. À cet égard, la notion d'« obligation aux dettes » (dans les rapports avec les créanciers sociaux) ne doit pas être confondue avec la notion d'« augmentation des engagements des associés » (dans les rapports entre associés). De même, l'unanimité est exigée lorsque la SARL ou la SA se transforme en SNC ou en SAS, ou qu'une clause interdit à l'associé sortant toute forme de concurrence.

▶ La Cour de cassation distingue clairement, d'un côté, l'augmentation de l'engagement des associés, souscrit dès l'origine, qui ne peut résulter que d'une modification des statuts (création de nouvelles obligations exigeant l'unanimité), et, de l'autre, les décisions prises conformément aux statuts (par exemple, la contribution aux pertes à l'issue d'un coup d'accordéon, la réclamation d'une cotisation annuelle prévue dans les statuts, l'obligation de fournir une caution bancaire pour garantir le paiement du solde des comptes des associés…). Dans ces cas, pas d'augmentation des engagements, donc pas d'unanimité exigée.

II. Les dirigeants sociaux

▶ **Les organes de direction des sociétés commerciales sont prévus dans le Code de commerce.** Les dirigeants sont nommés par les associés lors de la constitution de la société, dans les statuts ou par acte extérieur, puis au cours de la vie sociale. Ils sont soumis à un régime d'interdictions et d'incompatibilités et ne peuvent cumuler qu'un nombre limité de mandats sociaux. Mais ils peuvent cumuler, sous certaines conditions prévues par les textes ou la jurisprudence, leurs fonctions de dirigeants avec un contrat de travail.

▶ **Les dirigeants sociaux sont investis d'un pouvoir légal.** Ils peuvent accomplir tout acte dans l'intérêt de la société. Ils peuvent le faire soit seuls, lorsqu'il s'agit d'actes de conservation et d'administration, soit avec l'accord des organes compétents, notamment de l'assemblée des associés, lorsqu'il s'agit d'actes de disposition ou pouvant conduire à des modifications profondes de la société. En pratique, les dirigeants sociaux disposent d'une marge d'action relativement grande. Cette marge remet en cause la structure pyramidale de la hiérarchie au sein des différents organes de la société, notamment dans les sociétés par actions. Cependant, la liberté dont jouissent les dirigeants dans l'exercice de leurs fonctions est sanctionnée par de multiples actions en responsabilité (civile, pénale et fiscale), auxquelles s'ajoute la possibilité de les révoquer soit discrétionnairement, soit pour juste motif.

▶ **Les dirigeants sont chargés d'exécuter les décisions des assemblées** et, plus généralement, d'assurer la **gestion courante** des affaires de la société.

A– La désignation des dirigeants sociaux en situation normale

1. Le mode de désignation des dirigeants sociaux

C'est l'assemblée des associés qui désigne les dirigeants sociaux, exerçant ainsi l'une de ses principales prérogatives politiques. Les majorités requises et les modalités de désignation varient selon le type et la taille de la société :

- **Dans les petites sociétés, capital et pouvoir sont indissociables.** L'associé majoritaire, ou le membre d'une famille majoritaire, est souvent désigné comme dirigeant. Il est le maître de l'affaire.
- **Dans les grandes sociétés, on parle plutôt de « managers professionnels » choisis principalement pour leurs compétences techniques.** Si le capital y est séparé

du pouvoir dans une certaine mesure, il demeure, néanmoins, une arme redoutable de contrôle et de révocation du dirigeant en fonction des stratégies adoptées et des résultats obtenus.
- Dans les sociétés unipersonnelles, l'associé unique peut se désigner lui-même comme dirigeant social. Il doit être une personne physique dans les EURL et peut être une personne morale dans les SASU. Il peut également nommer un dirigeant social extérieur, non associé.

2. La composition des organes de direction dans les différents types de sociétés

▸ Le Code de commerce prévoit trois grands types d'organes sociaux chargés respectivement de **gérer**, d'**administrer** et de **diriger** les sociétés commerciales. La notion de « dirigeant social » est utilisée pour désigner indistinctement ces organes qui seront différents suivant la forme de société choisie.

▸ **Il arrive que la société soit dirigée par un dirigeant de fait.** Il s'agit d'une personne physique ou morale qui, dépourvue de mandat social, s'immisce dans la marche de la société en exerçant des activités positives, régulières et continues de direction et de contrôle, de façon souveraine et en toute indépendance, en lieu et place du dirigeant de droit, avec lui ou sous son couvert. À ce titre, il s'expose à des responsabilités civiles et pénales et aux foudres des textes régissant les procédures collectives. La constatation de la qualité de dirigeant de fait est laissée à l'appréciation souveraine des juges du fond.

▸ La **nomination** et la **cessation** des fonctions des dirigeants sociaux de droit **doivent être publiées au RCS.**

3. Le cumul d'un contrat de travail avec la fonction de dirigeant

▸ Les dirigeants peuvent être rémunérés pour leurs fonctions de dirigeants sans pour autant être liés à la société par un contrat de travail. Cependant, certains dirigeants de SARL et de SA peuvent cumuler les deux sous certaines conditions, l'objectif étant de moraliser la vie des affaires. Les conditions du cumul d'un mandat social et d'un contrat de travail dépendent de la forme sociale.

▸ Dans un souci de transparence, le législateur s'est attaqué aux « cumulards ». Il a voulu réagir contre la concentration des mandats et **lutter contre la pratique dite « des mandats croisés »**. À cette fin, il a joué sur plusieurs registres : la révision des plafonds autorisant le cumul, la suppression de la plupart des exceptions et l'élargissement du champ d'application du nouveau dispositif à tout le territoire français.

B– La désignation des dirigeants sociaux en situation de crise

1. Les cas certains de désignation

▶ Lorsque le juge est sollicité par des associés confrontés à des crises sociales graves, il peut désigner des tiers qui vont, plus ou moins, s'immiscer dans le fonctionnement de la société. Lorsqu'il y a urgence, le juge des référés, en vertu de l'article 872, alinéa 1, du Code de procédure civile, peut nommer, à la demande d'associés, voire de dirigeants, un **administrateur provisoire**. Cependant, deux conditions doivent être réunies pour que le juge accède à leur demande :
- que soit apportée la preuve d'une paralysie des organes sociaux suite à une mésentente caractérisée entre associés ;
- qu'un péril imminent et certain menace la société.

▶ Sa décision est toujours fondée sur l'intérêt social.

Par exemple, deux groupes d'associés égalitaires, à la suite de dissentiments graves et persistants, bloquent toute résolution ou décision sociale pendant plusieurs mois. Si le risque évoqué est simplement éventuel, la demande n'est pas recevable. En revanche, lorsque le préjudice risque de se réaliser, les tribunaux hésitent.
La nomination d'un administrateur provisoire est alors prononcée pour prévenir les conséquences de l'annulation prévisible de la désignation d'un gérant. L'étendue de sa mission est déterminée dans l'ordonnance l'ayant mandaté. Cette mission est temporaire. Il peut être investi de tous les pouvoirs conférés par la loi aux dirigeants (à l'exclusion de ceux de l'assemblée).
En pratique, sa mission est limitée à un ou plusieurs actes déterminés. Par exemple : l'exécution d'une commande, la vérification des comptes, la location du fonds de commerce de la société et, plus généralement, les actes nécessaires et urgents liés au fonctionnement de la société.

2. Les cas incertains de désignation

▶ Les dissensions entre les associés peuvent être violentes, mais elles **ne justifient pas toutes la désignation d'un administrateur provisoire**, et ce tant que les organes sociaux fonctionnent normalement. Certains juges du fond s'appuient sur le critère de l'intérêt social pour en nommer un dès lors que cet intérêt est gravement menacé et en l'absence de la réunion des deux conditions précitées.

▶ Dans d'autres cas, le juge peut désigner un **mandataire *ad hoc***, appelé, notamment, pour mésentente entre associés. Dans un arrêt du 26 avril 2017, la Cour de cassation a affirmé que les juges du fond étaient en droit, d'une part, d'ordonner la désignation d'un mandataire *ad hoc*, avec pour mission de convoquer et de présider l'assemblée générale des associés, et, d'autre part, de fixer à l'ordre du jour la constatation de la révocation et la nomination d'un gérant spécialement désigné (Cass. com., 26 avr. 2017). Le juge joue, en quelque sorte, le rôle d'un juge de paix des affaires sociales.

C – Les pouvoirs et les responsabilités des dirigeants sociaux

1. L'étendue des pouvoirs des dirigeants sociaux

→ Le principe de « compétence »

Les pouvoirs des dirigeants sont plus déterminés par la loi que par le contrat qui les lie à la société (en ce qui concerne leur statut social). C'est ***« le principe du pouvoir légal »***. C'est ainsi que la loi opère une distinction quant à l'étendue des pouvoirs des dirigeants sociaux selon qu'ils sont en relation avec les associés ou avec des tiers (dans l'ordre interne et dans l'ordre externe).

▶ Pouvoirs à l'égard des associés

Deux situations sont à distinguer :

- Dans les rapports avec les associés, les dirigeants d'une société à risque illimité et ceux d'une SARL peuvent, en principe, faire « *tous les actes de gestion dans l'intérêt de la société* » (art. 1848 C. civ. [SC] ; art. L. 221-4, L. 222-2, L. 223-18 [SNC, SCS, SARL] C. com.). En cas de pluralité de gérants, ceux-ci détiennent séparément les pouvoirs prévus par les textes. Chacun doit contrôler les opérations de son cogérant et peut s'opposer à tous les actes accomplis par ce dernier. Cette

opposition est sans effet à l'égard des tiers, à moins qu'il ne soit établi qu'ils en ont eu connaissance. Elle ne doit pas être tardive ni préalable.
- Pour les sociétés par actions, le législateur emploie la formule selon laquelle « *les dirigeants ont les pouvoirs les plus étendus pour agir en toute circonstance au nom de la société dans la limite de l'objet social* » (art. L. 225-35 et -51 [SA], L. 226-7 [SCA], L. 227-6 [SAS] C. com.).

Le principe du pouvoir légal souffre de quelques exceptions. La loi « *réserve souvent à la compétence exclusive des associés certains actes* », notamment ceux donnant lieu à une « *modification statutaire* » : augmentation du capital, prorogation de la société ou dissolution (art. L. 225-129 et L. 223-33 C. com.). Toutes ces opérations sont décidées en AG extraordinaire.
Par ailleurs, une « *clause des statuts peut limiter les pouvoirs des organes de gestion* » (art. 1848, al. 3, C. civ. ; art. L. 221-4, L. 223-18, L. 225-35, L. 225-51, L. 225-64 C. com.) : par exemple, la vente d'un fonds de commerce est soumise à une autorisation préalable des associés.
Certaines conventions entre dirigeant(s) et société sont expressément interdites ou soumises à autorisation et à un contrôle par les associés (voir chap. 6 pour les SARL, SA, SAS).

▶ Pouvoirs à l'égard des tiers

S'il s'agit d'une société à risque limité, les dirigeants « *engagent la société, même pour les actes qui ne relèvent pas de l'objet social* » (art. L. 223-18, al. 5 [SARL], L. 225-56, al. 2 [SA], L. 227-6, al. 2 [SAS], C. com.). L'acte de gestion du dirigeant outrepassant ses pouvoirs n'est donc pas nul ou inopposable à la société. Celle-ci reste tenue de l'exécuter à l'égard du tiers. Seulement, elle peut engager la responsabilité personnelle du dirigeant fautif. Cette solution est inspirée par le souci de protéger le tiers, qui peut difficilement vérifier les statuts de toutes les sociétés avec lesquelles il est en affaires. Toutefois, il existe une exception à l'engagement de la société : lorsque le tiers savait que l'acte dépassait les limites de l'objet social (ex. : s'il est complice du dépassement de pouvoirs du dirigeant).
S'il s'agit d'une société à risque illimité, les règles sont différentes, en raison des conséquences de l'engagement indéfini des associés. C'est ainsi que le gérant « *engage la société pour les seuls actes qui entrent dans l'objet de la société* », qu'ils soient conformes ou non à son intérêt (art. 1849, al. 1 [SC], C. civ., et L. 221-5 [SNC] C. com.). En revanche, la société n'est plus engagée à l'égard du tiers si l'acte dépasse l'objet social.
Enfin, quel que soit le type de société, les restrictions statutaires des pouvoirs des dirigeants sont inopposables aux tiers. Ainsi, malgré une clause restrictive des

pouvoirs de ses dirigeants par rapport à ceux définis par la loi, une société doit honorer les engagements pris en son nom par les dirigeants en violation d'une telle clause. Tout au plus, elle peut mettre en jeu leur responsabilité personnelle.

➜ Les actes relevant de la compétence des dirigeants sociaux

▶ Ces actes sont :
- les actes se rattachant à leurs **fonctions d'autorité** (embauche, surveillance, licenciement et rémunération des salariés) ;
- les actes se rattachant à l'**administration du patrimoine social**, à savoir les actes de nature conservatoire (réparation, renouvellement du matériel ; interruption des prescriptions) et les actes de gestion (prendre ou donner à bail les locaux, régler les dettes de la société) ;
- les actes relatifs à l'**exercice de l'activité économique de la société** (achat de matières premières ; vente de marchandises ; ouverture ou fermeture de succursales, d'agences ou de comptoirs ; opérations courantes de crédit ; prises de participation dans d'autres sociétés ; acquisition d'immeubles ; etc.).

▶ En revanche, les actes susceptibles de compromettre l'objet social excèdent, à ce titre, les pouvoirs des dirigeants. Parmi eux, on peut citer les **actes d'aliénation ou de disposition de biens sociaux** (la constitution de sûretés, la modification du mode d'exploitation de l'objet social et les actes à titre gratuit). À cet égard, le dirigeant doit veiller à la fois au respect de la poursuite de l'objet social, de l'intérêt social et des dispositions légales. Une autorisation préalable des associés est souhaitable et, parfois, exigée par les textes (art. L 223-19, L. 225-38 *sq.* C. com.), sinon sa responsabilité est aggravée.

▶ **Les dirigeants peuvent valablement accomplir tout acte dans le respect des limites** (dispositions impératives), **des conventions** (statutaires ou autres) **et de l'intérêt social** (non de leur intérêt personnel). Les dirigeants sociaux peuvent, dans le respect des statuts, déléguer à d'autres personnes de leur choix (appelés « fondés de pouvoir ») le pouvoir d'accomplir, au nom de la société, certains actes déterminés à caractère technique, administratif, financier ou comptable.
Ici, il convient de **distinguer les délégations de signature des délégations de pouvoirs.** Dans le premier cas, le mandataire est chargé de signer, pour le compte du représentant légal et en ses lieux et place, tel ou tel acte relevant de ses pouvoirs. Dans ce cas, la cessation des fonctions met fin au mandat. En revanche, dans la délégation de pouvoirs, le représentant légal confie, au nom et pour le compte de la société, à une personne qu'il investit, une fonction déterminée (direction administrative, technique, commerciale d'une usine, d'une succursale…) et le

mandat de représenter la société dans les limites de ses attributions. Autrement dit, le délégué reçoit son mandat de la société, non du représentant légal. Dès lors, celle-ci reste engagée malgré le décès, la démission ou la révocation de ce dernier.

2. L'aggravation des responsabilités des dirigeants sociaux

→ La responsabilité civile des dirigeants sociaux

La responsabilité des dirigeants sociaux peut être engagée au titre de diverses actions (art. L. 225-251, L. 223-22 et L. 227-8 C. com.), lesquelles sont prescrites au bout de 3 ans. Il en est ainsi, notamment, de l'action en comblement ou en extension de passif en cas de redressement ou de liquidation judiciaire de la société. Le fondement de cette action est *sui generis*, ni contractuelle ni délictuelle. En pratique, la responsabilité est plutôt pour faute, violation des textes, faute de gestion…

En réalité, les dirigeants sociaux font l'objet de deux formes d'actions :

▸ Les actions individuelles

La responsabilité personnelle est prévue par divers textes, à l'égard de la société et des « *tiers* », en cas d'infraction aux lois et règlements, de violation des statuts et de faute de gestion. Elle est plutôt de nature contractuelle s'agissant de la société et des associés, et délictuelle s'agissant des tiers. La « faute de gestion » est une notion difficile à cerner. Elle peut être légère ou lourde de commission ou d'omission.

Exemples :
- fautes par omission : défaut de surveillance des cadres supérieurs, des employés et du président par le conseil d'administration, absence de comptabilité analytique, lancement de projets sans étude préalable sérieuse ;
- fautes par commission : lancement d'opérations aventureuses et démesurées, actes de concurrence déloyale, diversification désordonnée des activités sociales, abus de la personne morale à des fins personnelles, concurrence personnelle par personne interposée aux affaires sociales.

La faute de gestion est, en réalité, un manque de bon sens. Elle doit être appréciée à la date où elle a été commise pour « *ne pas accabler les dirigeants sous le poids d'une perspicacité rétroactive, suscitée par la connaissance de la catastrophe finale* » (Y. Guyon).

Lorsque l'action individuelle est exercée par un tiers véritable (contre le dirigeant, non contre la société), la jurisprudence n'exige pas la constatation d'une faute de gestion de la part du gérant. En effet, elle subordonne sa responsabilité à « *une faute séparable de ses fonctions* ».

La Cour de cassation met l'accent non plus sur l'extériorité de la faute, mais sur sa gravité. Ainsi, est responsable le dirigeant qui commet intentionnellement une faute « *d'une particulière gravité incompatible avec l'exercice normal des fonctions sociales* ». Par exemple, les dirigeants qui s'obstinent à violer les règles sur la contrefaçon dont se rend coupable la société commettent une faute détachable de leurs fonctions.

La « **faute détachable** » est une notion à contenu variable selon la nature des fonctions ou du lien d'attachement ou de détachement avec ces fonctions. Elle peut parfaitement être le fait de dirigeants « *même agissant dans les limites de leurs attributions* » et donc être commise dans l'exercice des fonctions sociales. Ainsi, en présence de fautes d'une particulière gravité, la Chambre commerciale admet la responsabilité alors même que le dirigeant a agi dans le cadre de ses fonctions de gestion. Par conséquent, il faut établir leur caractère intentionnel et leur incompatibilité avec l'exercice normal des fonctions du dirigeant (Cass. com., 12 mars 2015). Une telle faute peut être caractérisée même si le dirigeant agit dans les limites de ses fonctions (Cass. com., 18 juin 2013). Tout est donc affaire de casuistique : le dirigeant a droit à l'erreur, mais persévérer dans l'erreur engage sa responsabilité.

Enfin, pour la Cour de cassation, une faute pénale intentionnelle du dirigeant est toujours séparable de ses fonctions et engage sa responsabilité civile personnelle à l'égard des tiers (Cass. com., 28 sept. 2010 ; Cass. civ., 3e ch., 10 mars 2016). Par exemple, en commettant une faute constitutive d'une infraction pénale intentionnelle, séparable comme telle de ses fonctions sociales, le gérant d'une SARL engage sa responsabilité à l'égard des tiers à qui cette faute a porté préjudice (Cass. com., 28 sept. 2010).

▶ Les actions sociales

La loi prévoit deux actions sociales, ainsi appelées parce qu'elles sont destinées à réparer un préjudice propre à la société :

– La 1re est l'**action *ut universi***, qui est exercée par les représentants légaux de la société. Elle est souvent exercée par le nouveau dirigeant contre celui qui a été révoqué en raison de ses fautes.

– La 2nde est l'**action *ut singuli***, qui est exercée par un ou plusieurs associés détenant une quote-part dans le capital social (art. 1843-5, al. 1, C. civ. ; art. L. 223-22 C. com. [SARL] ; art. L. 225-252 C. com. [SA et SCA]). Son utilité est de pallier l'inertie du dirigeant fautif en place qui va éviter d'exercer l'action sociale dès lors

qu'il est en cause. L'action doit alors être exercée contre le dirigeant, non contre des tiers, fussent-ils à l'origine d'un préjudice subi par la société (Cass. com., 9 mars 2013). Pour que cette action ne soit pas entravée, la loi répute non écrite toute clause statutaire qui aurait pour effet de subordonner son exercice à l'avis préalable ou à l'autorisation de l'assemblée ou qui comporterait renonciation à celle-ci (art. 1843-5, al. 2, C. civ. ; art. L. 223-22, al. 4, C. com. ; art. L. 225-253 C. com.).
Cette action ne peut être exercée que par des associés détenant, s'il s'agit d'une SARL, « *au moins le dixième du capital* » (art. R. 223-31 C. com.) et, s'il s'agit d'une société par actions, « *au moins le vingtième du capital* » (art. R. 225-169 C. com.). Pour les autres sociétés, l'article 1843-5 du Code civil ne fixe aucun seuil, ni ne permet aux associés de se grouper. On ajoutera que le tribunal peut désigner un mandataire *ad hoc* pour représenter la société en cas de conflit d'intérêts entre elle et ses représentants légaux (art. R. 223-32, al. 2, C. com. [SARL] ; art. R. 225-170, al. 2, C. com. [SA]).

→ La révocation ou la démission des dirigeants sociaux

▸ À côté de la responsabilité pécuniaire du dirigeant, la révocation est un mode de sanction possible. Celle-ci est décidée dans des conditions propres à chaque forme sociale.

▸ La démission, quant à elle, est un acte juridique unilatéral qui produit ses effets dès qu'elle a été régulière et portée à la connaissance de la société, sauf stipulation statutaire contraire. Elle ne nécessite aucune acceptation de la part de celle-ci et ne peut faire l'objet d'aucune rétractation (caractère irrévocable). Le démissionnaire peut seulement en contester la validité en démontrant que sa volonté n'a pas été libre et éclairée.

→ La responsabilité pénale des dirigeants sociaux

▸ Le droit pénal commun (escroquerie, faux en écriture, abus de confiance) ne suffisant pas à sanctionner les dirigeants sociaux, d'autres sanctions pénales ont été prévues. Malgré la dépénalisation progressive du droit des sociétés, ces sanctions restent nombreuses.

▸ **Dans les sociétés à risque limité** (SARL, SA, SAS, SCA), **des délits spécifiques** (outre les infractions liées à la constitution, à l'approbation des comptes et à la modification des statuts) sont prévus pour donner une morale des affaires à ceux qui n'en ont pas, qu'ils soient dirigeants de droit ou de fait. Les plus importants et les plus fréquents sont :

- le **délit d'abus de biens sociaux (ABS)**, qui s'applique aux gérants de SARL, président du conseil d'administration, administrateurs et directeurs généraux ayant, de mauvaise foi, fait un usage des biens ou du crédit de la société qu'ils savaient contraire à l'intérêt de celle-ci, à des fins personnelles ou pour favoriser une autre société ou entreprise dans laquelle ils étaient intéressés directement ou indirectement (art. L. 241-3-4° C. com. [SARL] ; art. L. 242-6-3° C. com. [SA]) ;
- l'**abus des pouvoirs ou des voix**, qui est défini comme étant l'usage des pouvoirs du dirigeant à des fins personnelles et contraires à l'intérêt social ou pour favoriser une autre société dans laquelle il est intéressé directement ou indirectement ; lorsque des associés ne peuvent pas prendre part au vote et donnent une procuration au dirigeant, il y a un risque que ce dernier use de cette procuration à des fins personnelles et contraires à l'intérêt de la société ou pour favoriser une autre société dans laquelle il est intéressé directement ou indirectement (art. L. 241-3, al. 5, C. com. [SARL] ; art. L. 242-6, al. 4, C. com. [SA]) ;
- **la présentation ou publication de comptes annuels ne donnant pas une image fidèle**, en vue de dissimuler sciemment la véritable situation de la société (art. L. 241-3-3° C. com. [SARL] ; art. L. 242-6-2° C. com. [SA]) ;
- **la distribution de dividendes fictifs**, en l'absence d'inventaire ou au moyen d'un inventaire frauduleux (art. L. 241-3, L. 242-6, L. 243-1, L. 244-1 et L. 248-1 C. com.) ;
- **le délit d'initié :** parfois, les dirigeants sociaux peuvent être responsables pénalement des délits commis, pour le compte de la société, par eux-mêmes ou par d'autres ; il en est ainsi en matière de délit d'initié. À contre-courant du mouvement de dépénalisation du droit des affaires, la répression des infractions à la législation boursière ne cesse de s'accentuer (art. L. 465-1 C. mon. fin.).

▸ **Dans les sociétés à risque illimité, il n'existe pas de délits spécifiques**. L'abus de biens sociaux n'est pas réprimé, mais le droit pénal commun s'applique (abus de confiance, escroquerie et quelques délits liés à la publicité légale et aux fonctions de commissaire aux comptes).

▸ **Dans tous les cas**, les dirigeants sociaux répondent, en tant que chefs d'entreprise, des infractions à la réglementation générale des entreprises et de celles révélant un défaut de surveillance ou une imprudence : par exemple, les infractions au droit du travail, de l'environnement, de la consommation, du Code de la route… ou encore les homicides involontaires.

→ La responsabilité fiscale des dirigeants sociaux

▸ Elle est régie par l'article 267 du *Livre des procédures fiscales* du Code général des impôts (CGI). Cette disposition appelle les observations suivantes :

- la responsabilité fiscale des dirigeants sociaux est subsidiaire par rapport aux autres responsabilités des dirigeants ;
- il importe peu que ce dirigeant soit associé ou non, de droit ou de fait, salarié ou non, de bonne ou de mauvaise foi. Cependant, la jurisprudence exige une certaine imputabilité de la faute au dirigeant qui se matérialise par la nécessité d'un exercice effectif de la fonction de dirigeant ;
- les manœuvres doivent être frauduleuses et les manquements qui incombent au dirigeant doivent non seulement être répétés, mais aussi revêtir une certaine gravité ;
- c'est l'impossibilité de recouvrement qui compte. Il appartient au comptable public d'épuiser tous les moyens possibles pour obtenir, en temps et en heure, le paiement de l'impôt avant toute poursuite contre le ou les gérants concernés, en cas d'insolvabilité de la société.

Cependant, il existe une consolation : le dirigeant qui a été condamné à payer le passif fiscal (dû à un acte anormal de gestion !) peut déduire de ses revenus imposables les paiements qu'il a effectués (Conseil d'État, 6 fév. 1995).

III. Les organes de contrôle

A– Les commissaires aux comptes

Le commissaire aux comptes (CAC) est un organe légal de contrôle. Depuis la loi du 2 juillet 1966, le législateur a renforcé leur indépendance juridique, économique et psychologique parallèlement au renforcement de leurs missions et pouvoirs et à l'aggravation de leurs responsabilités.

1. Le statut des commissaires aux comptes

Le contrôle légal des opérations des sociétés, exercé par un ou plusieurs CAC, peut être obligatoire ou facultatif, selon la forme juridique de la société, sa taille et son activité.

→ La nomination des commissaires aux comptes

▶ Depuis la loi du 1er mars 1984 relative à la prévention des difficultés des entreprises, **les CAC peuvent être présents dans toutes formes de sociétés**.

La **loi PACTE** relève, dans son article 20, les seuils de nomination des commissaires aux comptes. Désormais, le total du bilan passe de 1 550 000 à 4 000 000 € et le montant hors taxe du chiffre d'affaires de 3 100 000 à 8 000 000 €. Il est à noter que le seuil du nombre moyen d'employés reste à 50. Toutes les sociétés sont concernées par ce relèvement des seuils, y compris les SAS qui avaient des seuils différents : total du bilan de 1 000 000 €, montant total du chiffre d'affaires de 2 000 000 € et nombre moyen de 20 salariés. Les entreprises dépassant 2 de ces 3 seuils à la clôture d'un exercice social sont donc tenues de désigner un commissaire aux comptes (art. L. 225-128 C. com.). Cette obligation entre en vigueur dès l'exercice suivant (et non pour l'exercice au cours duquel les seuils ont été dépassés). En revanche, les entreprises ne sont plus tenues de désigner un commissaire aux comptes dès lors qu'elles n'ont pas dépassé ces seuils à la clôture des deux exercices précédant l'expiration du mandat du commissaire aux comptes.
Il est à noter que la désignation d'un commissaire aux comptes est obligatoire, même lorsque les seuils ne sont pas atteints, en cas de demande en justice des associés. **Dans tous les autres cas, les CAC sont facultatifs.**

▶ Dans les SA, les CAC sont proposés à la désignation de l'AG par un projet de résolution émanant du conseil d'administration ou de surveillance, d'actionnaires représentant au moins 5 % du capital ou d'une association d'actionnaires répondant aux conditions de l'article L. 225-120 C. com. Les sociétés astreintes à publier des comptes consolidés sont tenues de désigner deux CAC (art. L. 225-228 C. com.).

▶ Dans les sociétés où la présence des CAC est facultative, les associés peuvent **demander en justice la nomination d'un CAC.** Ils sont nommés dans les statuts ou par l'assemblée constitutive, puis par l'assemblée annuelle (art. L. 225-229 C. com.).

→ La durée des fonctions des commissaires aux comptes

Les CAC sont **nommés, en principe, pour 6 exercices et sont rééligibles**, mais, dans les sociétés offrant au public des titres financiers, ils ne peuvent certifier que 6 exercices consécutifs (art. L. 822-14, al. 1, C. com.). En cas de non-renouvellement, ils sont entendus par l'assemblée générale appelée à se prononcer sur la question (art. L. 823-8). Ils peuvent démissionner mais uniquement pour un motif légitime, sous peine de dommages et intérêts. Ils ne peuvent être révoqués que par décision de justice, en cas de faute ou d'empêchement (art. L. 823-7 C. com.), à la demande du conseil d'administration, du CSE, de l'assemblée générale, d'associés représentant 5 % du capital social…

2. Les missions des commissaires aux comptes

→ Les missions permanentes : le contrôle et l'information

▶ Le contrôle (ou l'audit légal)

Le CAC a pour mission essentielle et permanente de **vérifier les documents comptables de la société et de contrôler leur conformité aux règles en vigueur** (art. L. 823-9 à -11 C. com.). En particulier, il doit certifier si les comptes annuels sont réguliers et sincères et donnent une image fidèle des résultats de l'exercice et de la situation financière et patrimoniale de la société (art. L. 823-9 à -11 C. com.). Il doit aussi contrôler et certifier les comptes consolidés des sociétés qui ont des filiales ou des participations (art. L. 823-9 à -11 C. com.).

▶ L'information

Son devoir d'information est, pour l'essentiel, destiné aux associés. C'est ainsi que le commissaire va établir un rapport général à l'intention de l'AG annuelle à qui il appartient d'approuver les comptes de l'exercice présentés par les dirigeants (art. L. 225-100, L. 823-9 à -14 et L. 823-17 C. com.). Mais il informe ces derniers des erreurs comptables lors de l'examen intermédiaire des comptes annuels et peut formuler des observations sur les documents de gestion prévisionnelle (art. L. 823-16 et L. 232-3, al. 2, C. com.). Ce rapport est aussi communiqué au CSE, qui peut convoquer le commissaire pour obtenir des explications (art. L. 432-4 C. trav.).

Dans ce rapport général, le CAC certifie la régularité, la sincérité et la fidélité des comptes, ou refuse cette certification en précisant les motifs de son refus. Mais, quelle que soit cette décision, l'assemblée générale reste libre d'approuver ou non les comptes. Il doit joindre à son rapport de certification ses observations sur le rapport établi par le président du conseil d'administration ou de surveillance concernant les procédures de contrôle internes qui sont relatives à l'élaboration et au traitement de l'information comptable et financière. Cette mission va au-delà du contrôle de la régularité des comptes (art. L. 823-9 à -11 C. com.).

Enfin, le CAC établit un rapport spécial sur les conventions réglementées et sur de nombreuses opérations ayant une incidence financière : par exemple, en cas d'augmentation du capital avec renonciation au droit préférentiel de souscription.

Le CAC doit veiller au respect du statut d'administrateur ou de membre de conseil de surveillance, au principe d'égalité entre actionnaires, ainsi qu'aux procédures de convocation et de fonctionnement des AG (art. L. 210-8, L. 225-26, -73 et -103, et L. 823-9 à -11 C. com.).

➜ Les missions exceptionnelles

▶ L'alerte

Le CAC doit **informer les dirigeants** du résultat de ses contrôles, des irrégularités et inexactitudes, et des conclusions qui en découlent (art. L. 823-16 et 234-1 C. com.). Il doit les alerter de tout fait de nature à compromettre la continuité de l'exploitation (ex. : perte de marchés importants, destruction de l'outil de travail, grèves à répétition, redressement fiscal majeur, etc.), en prenant garde de ne pas s'immiscer dans la gestion (art. L. 823-16 C. com.).

▶ La révélation des faits délictueux

Le CAC doit **révéler au procureur de la République les faits délictueux**, significatifs et délibérés, en rapport avec le fonctionnement de la société (abus des biens et du crédit de la société, publication de bilan inexact...), dont il a eu une connaissance précise (art. L. 823-12 C. com.), sous peine de sanctions pénales et de responsabilité civile (art. L. 820-7 C. com.). Cette révélation donne lieu à rémunération si elle est effectuée dans le cadre de l'exercice de sa mission.

3. Les responsabilités des commissaires aux comptes

➜ La responsabilité civile

▶ Les CAC sont responsables, à l'égard de la société et des tiers, des fautes et négligences qu'ils ont commises dans l'exercice de leurs fonctions (art. L. 823-9 à -11, L. 823-16 et L 823-241 C. com.). Dans l'ensemble, et selon la doctrine dominante et la jurisprudence, ils sont tenus à une **obligation de moyens**, rarement à une obligation de résultat.

▶ Il appartient **au demandeur de prouver les fautes alléguées** eu égard au comportement d'un commissaire normalement diligent selon les normes de la profession (détournement accompli par un employeur, certification des comptes injustifiée, infractions commises par les dirigeants et non révélées). Il doit aussi établir le lien de causalité. Souvent, la responsabilité est partagée avec les dirigeants ou est prononcée *in solidum*.

➜ La responsabilité pénale

▶ Les CAC sont **passibles de divers délits**, comme ceux de non-révélation de faits délictueux, de violation des règles d'incompatibilités et de violation du secret professionnel ou d'informations mensongères sur la situation de la société (art. L. 820-7 C. com.).

▶ Le CAC s'expose à une **sanction disciplinaire** dans les cas suivants : infraction aux lois, règlements et normes professionnelles, au code de déontologie de la profession et aux bonnes pratiques ; négligence grave ; fait contraire à la probité, à l'honneur ou à l'indépendance (même si ce fait n'a pas de lien avec l'exercice de la profession).

▶ Les sanctions sont : l'avertissement, le blâme, l'interdiction temporaire pour une durée n'excédant pas 5 ans, la radiation de la liste, le retrait de l'honorariat.

B– Les autres organes de contrôle

1. Le commissaire aux apports

▶ **Le commissaire aux apports est un organe « extra-social » de contrôle.** Il a pour mission d'évaluer les apports en nature et les avantages particuliers, notamment dans les SA et les SARL.

▶ Son intervention se situe soit au moment de la constitution d'une société, soit postérieurement, lors de l'augmentation du capital et, de façon exceptionnelle, lors d'une fusion.

▶ C'est lui également qui évalue les **avantages particuliers** résultant de l'émission d'actions de préférence au profit d'actionnaires nommément désignés. Le commissaire aux apports est soumis aux mêmes incompatibilités que les CAC, sous peine de sanctions pénales (art. L. 225-8, L. 225-224 et L. 242-5 C. com.). Les fonctions de commissaire aux apports sont incompatibles avec toute activité ou tout acte de nature à porter atteinte à son indépendance à l'égard de l'une des parties à l'opération d'apport ou d'une personne qui la contrôle ou qu'elle contrôle, sous peine de nullité des délibérations prises au vu du rapport. Il en est ainsi lorsque le commissaire aux apports a, avant sa désignation, accompli, pour le compte de la société qui contrôle la société apporteuse, une mission relative à la situation et aux résultats de la société bénéficiaire de l'apport (Cass. com., 26 mai 2009).

▶ Pour une SARL ou une SA, le commissaire aux apports est nommé à l'unanimité ou, à défaut, par décision du président du Tribunal de commerce. Comme le CAC, il est **tenu au secret professionnel**.

▶ L'évaluation de l'apport en nature doit être la plus exacte possible, dans l'intérêt des créanciers mais aussi des associés. Une sous-évaluation ou une majoration (surévaluation) de cet apport romprait l'équilibre dans la répartition des droits sociaux : plus ou moins de droits sociaux et de droits d'enregistrement. Une surévaluation créerait une apparence trompeuse de solvabilité nuisible à la garantie de paiement qu'offre le capital social aux tiers. En cas de surévaluation frauduleuse manifeste, la responsabilité pénale de tous ceux qui y ont contribué peut être engagée (art. L. 241-3 C. com.).

▶ L'**intervention du commissaire aux apports**, appelé « commissaire *ad hoc* », est envisagée dans deux autres cas : lors de la transformation en SA d'une société d'une autre forme (art. L. 224-3, al. 1, C. com. – on parle alors de « commissaire à la transformation ») ; lors de l'achat par la société, dans les 2 ans de son immatriculation, auprès d'un actionnaire, d'éléments d'actifs dont la valeur est au moins égale au 10e du capital (art. L. 225-101 C. com.).

2. L'expert de gestion

▶ Dans les SARL (art. L. 223-37 C. com.), des associés détenant au moins 10 % du capital peuvent demander, au président du Tribunal de commerce statuant en référé, la désignation d'**experts chargés de présenter un rapport sur une ou plusieurs opérations de gestion**. Dans les SA, les actionnaires (ou une association d'actionnaires) doivent détenir au moins 5 % du capital et adresser une requête amiable au président du conseil d'administration, avant de demander en référé la désignation d'un expert de gestion (art. L. 225-231 C. com.). Ce droit appartient aussi au Ministère public, au CSE et à l'AMF pour les sociétés cotées.

▶ Cette expertise de gestion, encore appelée « **expertise de minorité** », permet souvent, aux associés minoritaires, de prévenir des abus de majorité et de se renseigner sur la nature, la portée et les conséquences d'opérations de gestion susceptibles de leur porter préjudice.

▶ **La jurisprudence subordonne l'expertise de gestion à des conditions strictes.** D'abord, la demande doit porter sur des opérations de gestion émanant des dirigeants (Cass. com., 5 mai 2009). Elle sera donc rejetée si elle a pour objet des décisions réservées à l'assemblée des associés, comme une augmentation du capital (Cass. com., 25 sept. 2012). Ensuite, elle doit avoir pour objet une ou plusieurs opérations précises de gestion, et non la gestion de la société dans son ensemble (Cass. com., 14 fév. 2006). Enfin, elle doit reposer sur des présomptions d'irrégularités affectant les opérations visées (Cass. com., 10 mai 1988).

▶ **C'est l'ordonnance de référé qui détermine la mission et les pouvoirs de l'expert.** Le *rapport d'expertise* est communiqué au demandeur, au Ministère public, au CSE, au commissaire aux comptes, et à l'AMF pour les sociétés cotées. Il doit aussi être soumis à la prochaine assemblée d'associés. Ce rapport peut alors servir de « *préalable à diverses actions* », notamment « *en responsabilité* » contre les dirigeants ou « *en annulation* » des décisions abusives (art. 1844-10, al. 3, C. civ.).

▶ Le résultat de l'expertise de gestion est proche de celui de l'expertise *in futurum* de droit commun de l'article 145 du Code de procédure civile, qui permet de demander au tribunal, avant tout procès, d'ordonner des mesures d'instruction diligentées par un expert pour conserver ou établir la preuve des faits dont pourrait dépendre la solution du litige. Cette expertise de gestion peut être exercée lorsque les conditions d'application de l'expertise préventive des articles L. 223-37 et L. 225-231 du Code de commerce ne sont pas réunies : par exemple, par des associés d'une SNC (Cass. civ., 1re ch., 16 déc. 1992), ou d'une SARL ou SA disposant de moins de 10 ou 5 % du capital (Cass. com., 7 déc. 1981).

5 chapitre

Les évolutions des sociétés

La nécessité de l'adaptation aux changements sociaux, économiques ou juridiques est le quotidien de la vie des sociétés qui doivent constamment s'adapter aux contraintes et aux pressions du marché. Les restructurations peuvent avoir pour fait générateur aussi bien une situation de croissance imposant une optimisation des moyens de la société qu'une situation de détresse financière. Les opérations de restructuration peuvent avoir pour conséquences d'affecter le patrimoine social de la société en cause, ainsi que d'engendrer le changement de sa forme juridique. Ces conséquences sont susceptibles d'apporter des modifications aux statuts des sociétés parties à l'opération. La fusion, la scission et la transformation sont des techniques pouvant être envisagées pour procéder à la restructuration des sociétés. En dernier lieu, seront abordées la dissolution et la liquidation de la société.

I. La restructuration

A– Les opérations de restructuration affectant la personnalité morale

Les opérations de fusion ou de scission consistent à restructurer les entreprises soit en regroupant plusieurs sociétés en une seule (fusion), soit en partageant le patrimoine d'une société entre plusieurs sociétés (scission). Ces opérations peuvent être réalisées entre des sociétés de formes différentes. Elles provoquent la dissolution, sans liquidation, des sociétés préexistantes, la dissolution visant la personne morale et la liquidation le patrimoine.

1. La fusion

➜ Définition et caractéristiques

▶ La fusion est une opération par laquelle deux ou plusieurs sociétés distinctes décident de **réunir leur patrimoine et leurs activités** en une seule société.

▶ On distingue deux formes de fusions :

- **la fusion par création** d'une nouvelle société (les sociétés qui fusionnent sont dissoutes au profit d'une nouvelle société recevant l'intégralité du patrimoine des sociétés dissoutes ; autrement dit, les sociétés A et B sont dissoutes pour créer la société C. Les personnes morales A et B disparaissent au profit d'une nouvelle personne morale C) ;
- **la fusion par absorption** d'une société par une autre (la société absorbée est dissoute, et son patrimoine vient augmenter celui de la société absorbante ; autrement dit, A absorbe B, et le patrimoine de A est ainsi augmenté. La personne morale B disparaît, seule celle appelée A subsiste) – c'est la forme la plus répandue.

▶ La fusion de sociétés nécessite donc la réalisation de **trois opérations à caractères juridique et financier** :

- la transmission de patrimoine ;
- la dissolution de la ou des sociétés fusionnées ;
- l'échange de droits sociaux, qui nécessite la détermination de la parité d'échange et de la valeur d'apport.

➜ La réalisation de la fusion

▶ L'opération de fusion comporte les étapes suivantes :

- la **préparation** de la fusion (les dirigeants des sociétés négocient les conditions financières de l'opération) ;
- la **rédaction** du projet de fusion et sa **signature** (les dirigeants des sociétés concernées rédigent un projet de fusion qui doit être déposé au greffe du Tribunal de commerce et faire l'objet d'une publicité) ;
- le **rapport des commissaires** à la fusion ; leur mission est de présenter aux associés ou aux actionnaires deux rapports, l'un sur les modalités de la fusion et l'autre sur la valeur des apports en nature ; il s'agit d'un rapport écrit sur les modalités de l'opération, notamment la parité d'échange des titres (art. L. 236-10 [SA], art. L. 226-1 [SCA], art. L. 227-1 [SAS], art. L. 236-23 et L. 236-24 [SARL] C. com.) ; toutefois, cette intervention n'a pas lieu d'être si les associés des deux sociétés le décident à l'unanimité (art. L. 236-10 C. com.) ;

- la **tenue des AG extraordinaires** (approbation du projet de fusion par les associés ou les actionnaires dans les conditions requises par chacune des sociétés) ;
- les **obligations postérieures aux AG extraordinaires** (pour toutes les sociétés ayant participé à l'opération, dépôt au greffe du Tribunal de commerce d'une déclaration de conformité ; pour les sociétés fusionnées, règles de formalités applicables aux dissolutions de sociétés ; pour les sociétés absorbantes, règles de formalités applicables aux modifications des statuts ; pour les sociétés nouvelles, règles de formalités applicables aux constitutions de sociétés).

Une **procédure simplifiée** est mise en œuvre en cas de fusion par absorption d'une ou de plusieurs filiales détenues. La loi n° 2019-744 du 19 juillet 2019 prévoit que, lorsqu'une société mère détient au moins 90 % du capital de sociétés sœurs qui fusionnent entre elles, mais non la totalité, la tenue d'une assemblée générale extraordinaire de la société absorbante ne s'impose plus pour approuver la fusion, à moins qu'un ou plusieurs de ses actionnaires détenant au moins 5 % du capital social n'en fassent la demande en justice, et les rapports des dirigeants et du commissaire à la fusion ou du commissaire aux apports ne sont plus requis si les actionnaires minoritaires de la société absorbée se sont vu proposer le rachat de leurs actions par la société absorbante préalablement à la fusion. Dans cette hypothèse, il sera procédé à une augmentation de capital et à l'émission de titres nouveaux de l'absorbante en faveur de ses actionnaires.

Un allégement de la procédure est également prévu en cas de fusion ou de scission entre sociétés sœurs dont 100 % du capital est détenu par la même société mère, ou en cas d'apport partiel d'actif entre une société mère et sa filiale détenue à 100 %, et ce quel que soit le sens de l'apport. Dans ces cas, en effet, la tenue des assemblées d'actionnaires ou d'associés des sociétés parties à l'opération n'est plus requise, pas plus que les rapports du commissaire à la fusion et des dirigeants des sociétés concernées. En outre, dans le cas de la fusion, il n'y a pas lieu à augmentation de capital ni à émission de titres de l'absorbante en échange de ceux détenus dans la société absorbée par la société mère. Enfin, le législateur a entendu aussi faciliter les fusions entre sociétés civiles, lorsque l'absorbante détient au moins 90 % du capital de la société absorbée ; la tenue d'une assemblée des associés de l'absorbante n'est alors plus requise (des associés minoritaires de l'absorbante ayant au moins 5 % du capital social peuvent toutefois demander en justice qu'une AGE soit convoquée par un mandataire pour se prononcer sur la fusion).

→ Les effets de la fusion

▶ La fusion entraîne la **dissolution sans liquidation de la ou des sociétés qui disparaissent et la transmission universelle de leur patrimoine** aux sociétés bénéficiaires (art. L. 236-3 C. com.). En effet, le patrimoine étant incessible, il ne saurait s'agir d'une cession ordinaire à l'issue de laquelle le cédant et le cessionnaire subsistent. Il s'opère plutôt une sorte d'autodestruction de la personne morale absorbée, qui ne peut exister sans patrimoine (Cass. com., 26 mai 2009). Cette technique juridique s'applique lorsqu'une société détient 100 % du capital d'une autre société. Dans ce cas, la société mère peut dissoudre sa filiale. Il s'opère alors une transmission universelle du patrimoine vers la société mère sans liquidation de la filiale. La TUP est à distinguer de la fusion dite « simplifiée ». En effet, une TUP opère, tout d'abord, la dissolution de la société détenue à 100 %, puis la transmission universelle du patrimoine.

▶ La société bénéficiaire ne se trouve pas à la tête de deux patrimoines : elle n'a toujours qu'**un seul et unique patrimoine**. Son patrimoine va simplement s'accroître de l'ensemble de l'actif et du passif du patrimoine de la société absorbée. La société bénéficiaire est, nonobstant toute stipulation contraire, substituée à la société absorbée au profit de laquelle un bail était conclu (art. L. 145-16, al. 2, C. com.). Elle est, désormais, tenue aux engagements contractés par la société absorbée, sans que la substitution emporte novation des créances (art. L. 236-14, al. 1, C. com.). Toutefois, la transmission universelle de patrimoine comporte des limites : ainsi, les contrats de la société absorbée qui ont été conclus *intuitu personae* (franchises, concessions, prêts...) ne peuvent être transmis qu'avec l'accord du cocontractant (Cass. com., 3 juin 2008). On rappellera encore que la TUP opère une substitution de la société absorbante non seulement dans les obligations de la société absorbée (passif), mais aussi dans ses droits (actif) : par exemple, si la société absorbée bénéficiait d'une garantie de passif consécutive à la cession de ses titres par l'un des associés, la société absorbante profite désormais de cette garantie (Cass. com., 10 juill. 2007).

▶ La réalisation de la fusion a des effets sur :

- **les créanciers** : ceux de toutes les sociétés participant à l'opération de fusion et dont la créance est antérieure à la publicité du projet de fusion bénéficient d'un droit d'opposition (art. L. 236-14 C. com.) ; si leur opposition est acceptée par le tribunal, l'opération n'est pas interrompue, mais ils pourront obtenir le remboursement des créances ou la constitution de garanties ;
- **les dirigeants** : pour les sociétés qui disparaissent, c'est la fin de leur mandat ; pour les sociétés absorbantes ou nouvellement créées, le nombre d'administra-

teurs ou de membres du conseil de surveillance, dans les SA, peut passer de 18 à 24 pour un délai de 3 ans ;
- les associés : ceux des sociétés qui disparaissent deviennent associés des sociétés absorbantes ou nouvellement créées, tout en respectant les seuils légaux ;
- les salariés : tous les contrats de travail en cours à la date d'effet de la fusion subsistent entre le nouvel employeur et le personnel de l'entreprise (art. L. 1224-1 C. trav.).

2. La scission

▶ L'opération de scission consiste à **partager le patrimoine d'une société entre plusieurs sociétés nouvelles ou existantes**. La société scindée est donc éclatée entre plusieurs sociétés. La personnalité morale de la société scindée disparaît : il y aura donc autant de nouvelles personnes morales que de nouvelles sociétés. Par exemple, la société A est scindée au profit de 3 sociétés, B, C et D : la personne morale A disparaît ; si B est déjà existante, elle conserve sa personnalité morale ; les personnalités morales de C et D sont nouvellement créées.

▶ Comme pour la fusion, il y a :
- **transmission universelle du patrimoine** de la société scindée aux sociétés bénéficiaires ;
- **dissolution sans liquidation** de la société scindée ;
- **échange des titres** de la société scindée contre ceux des sociétés bénéficiaires.

▶ **Les règles applicables aux fusions le sont également aux scissions**. Dans le cas d'une société créée à la suite d'une scission, la désignation d'un commissaire à la scission n'est pas obligatoire lorsque celle-ci est constituée exclusivement par les apports de la société scindée, et si les titres de chacune de ces sociétés sont attribués aux associés de la société scindée proportionnellement à leurs anciens droits.

B – Les opérations de restructuration n'affectant pas la personnalité morale

Au cours de son existence, divers événements sont susceptibles de modifier la structure de la société. Il peut s'agir de modifications statutaires, comme une augmentation de capital, une prorogation de la société ou le changement de son objet. Une société peut également changer de forme juridique. Si la personnalité morale de la société était liée à ces événements, chacun d'eux conduirait à sa disparation. Afin d'éviter une telle conséquence, les articles 1844-3 du Code civil et L. 210-6 du Code de commerce énoncent que la transformation d'une société, sa prorogation et toute modification statutaire n'entraînent pas la création d'une personne morale nouvelle.

1. La transformation de la société

La transformation d'une société est l'opération juridique au terme de laquelle celle-ci **change de forme sociale, tout en conservant sa personnalité morale**. La transformation peut être volontaire et permet à la société d'adapter sa forme à l'évolution de ses besoins et de ses stratégies de développement (exemple d'une SARL qui se transforme en SA). La transformation peut être forcée, lorsque le législateur l'impose : par exemple, à une société qui ne remplit plus les conditions nécessaires au maintien de sa forme sociale originaire (comme le dépassement du seuil maximal d'associés dans une SARL).

➜ Les conditions de la transformation

▶ **La transformation volontaire résulte d'une modification des statuts.** Il convient donc de respecter les conditions de fond et de forme exigées par la loi (ou les statuts) pour les modifications statutaires, lesquelles sont propres à chaque type de société. La transformation suppose que la société remplisse toutes les conditions exigées pour l'adoption de la nouvelle forme sociale. Toute transformation d'une société à responsabilité limitée en société à responsabilité illimitée suppose l'unanimité des associés (en raison du principe d'interdiction de l'augmentation des engagements des associés) ; toute transformation de société en SAS également, en raison du très fort *intuitu personae* et de la grande liberté contractuelle qui y règnent (art. L. 227-3 C. com.). Cette opération est soumise à des conditions de formes et de publicité, permettant notamment d'informer les tiers et de leur rendre opposable l'opération (insertion dans un JAL, dépôt au greffe du Tribunal de commerce du procès-verbal d'assemblée, inscription au RCS, insertion au BODACC).

▶ Lorsqu'une société, de quelque forme que ce soit, n'a pas de commissaire aux comptes et se transforme en SA, un ou plusieurs commissaires à la transformation doivent être désignés.

➜ Les effets de la transformation

La transformation régulière d'une société en une société d'une autre forme **n'entraîne pas la création d'une personne morale nouvelle**. Les créanciers conservent tous les droits à l'égard des associés. Elle emporte création de nouveaux droits sociaux qui viennent se subroger aux anciens dans le patrimoine des associés.

L'administration fiscale n'assimile plus une transformation à une dissolution, mais l'opération implique le paiement de droits d'enregistrement et n'est pas neutre sur le plan de l'imposition des bénéfices, suivant le régime fiscal adopté par la nouvelle structure par rapport à l'ancienne.

2. L'apport partiel d'actifs

▶ Les fusions et scissions sont distinctes de l'opération qui consiste, pour une société, à apporter à une autre société une partie de ses actifs (fonds de commerce, immeubles, etc.) correspondant à une branche complète d'activité : par exemple, une société qui exploite un hôtel-restaurant apporte le restaurant à une autre société et conserve l'hôtel. **Le Code de commerce ne définit pas cette opération et ne la dote d'aucun régime autonome.** Depuis une loi du 22 mars 2012, il se contente de donner la possibilité de soumettre les apports partiels d'actifs réalisés entre sociétés de formes juridiques différentes au régime des scissions (art. L. 236-1 à -6 C. com.). Cette possibilité était déjà donnée aux SA et SARL par les articles L. 236-22 et -24 C. com.

▶ Malgré la non-disparition de la société apporteuse, la jurisprudence décide que **cet apport-scission opère une TUP pour la branche d'activité concernée** (Cass. com., 5 mars 1991). Il en résulte que l'apport partiel d'actifs inclut non seulement un actif proprement dit (fonds de commerce, créances…), mais aussi le passif qui en est indissociable (dettes). À cet égard, la jurisprudence, à l'instar du régime des scissions (art. L. 236-20 et -21 C. com.), décide que la société apporteuse reste solidaire des dettes transmises, sauf clause contraire du traité d'apport (Cass. com., 12 déc. 2006). En outre, si l'actif apporté comprend un fonds de commerce ou des créances, il n'est pas nécessaire de respecter les formalités légales prévues pour leur cession (Cass. com., 15 mars 1994). Et, à l'instar des fusions et scissions, les contrats conclus *intuitu personae* ne peuvent être transmis qu'avec l'accord du cocontractant (Cass. com., 3 juin 2008).

▶ À défaut, l'apport partiel d'actifs prend la forme d'un **apport en nature** qui provoque une augmentation du capital de la société bénéficiaire. En contrepartie, la société apporteuse reçoit des parts ou des actions de la société bénéficiaire, dont elle devient associée. À l'issue de l'opération, la société apporteuse ne disparaît pas : elle se sépare seulement d'une de ses activités au profit d'une société qui devient sa filiale, et elle se recentre sur les activités qu'elle conserve.

II. La dissolution

La société, comme une personne physique, a vocation à disparaître. Cette disparition peut être naturelle, due aux différentes évolutions que pourrait connaître la société, mais elle peut aussi être provoquée par ses membres ou prononcée par un juge. Elle entraîne la liquidation et le partage du patrimoine, opérations dont l'administration fiscale tire profit sous forme de taxes et autres impositions.

A– Les causes de dissolution communes à toutes les sociétés

1. La dissolution de plein droit

➜ L'arrivée du terme

À l'arrivée du terme, la société est dissoute (art. 1844-7, al. 1, C. civ.). La durée de la société est au maximum de **99 ans** à compter du jour de son immatriculation (art. L. 210-2 C. com.). Mais elle **peut toujours être prorogée une ou plusieurs fois**, sans que chaque prorogation puisse excéder 99 ans (art. 1844-6 C. civ.). À défaut de prorogation et si les associés continuent l'exploitation, une société de fait apparaît entre eux pour les activités réalisées postérieurement à l'arrivée du terme.

➜ La réalisation ou l'extinction de l'objet social (art. 1844-7, al. 2, C. civ.)

▸ La réalisation de l'objet social suppose que l'opération pour laquelle la société a été instituée se trouve définitivement achevée, et ce même si le terme statutaire n'est pas encore atteint. **Il y a extinction de l'objet social lorsque l'activité se révèle impossible** (objet social déclaré illicite, révocation d'une concession, fermeture judiciaire d'un fonds de commerce qui était l'unique objet de l'exploitation sociale, non-respect des exigences professionnelles).

▸ En pratique, cette cause de dissolution joue rarement car les statuts, le plus souvent, prennent soin de définir un objet suffisamment large. Il est donc rarissime que l'objet social soit totalement réalisé. Par ailleurs, il est toujours possible, en cours de vie sociale, de modifier l'objet social et de l'étendre si nécessaire.

▸ Lorsqu'une société cesse, en fait, ses activités, elle est mise en sommeil et peut reprendre à tout moment son activité. Cependant, à l'expiration d'un délai de 3 ans, s'il n'y a pas eu reprise, le greffier doit procéder à la **radiation** de la société qui équivaut à une dissolution.

→ La dissolution prévue dans d'autres dispositions statutaires (art. 1844-7, al. 8, C. civ.)

Les statuts peuvent prévoir que la société sera dissoute par la survenance d'un événement déterminé notamment dans les filiales communes (modification de la situation juridique ou financière de l'un des associés, accumulation de résultats déficitaires, suppression d'un régime fiscal privilégié...). Ils peuvent autoriser un associé à demander la dissolution à l'issue d'une période ou d'une opération déterminée. À cet égard, une clause permettant le rachat des parts ou des actions de l'associé éventuellement en cause peut être prévue pour éviter les conséquences fiscales (une quasi-confiscation), notamment en indiquant dans les statuts qu'à défaut d'accord entre les parties, le prix sera fixé à dire d'expert (art. 1843-4 C. civ.).

→ L'annulation du contrat de société

L'annulation de la société est rare, car le législateur s'est montré très réservé quant aux nullités en matière de société. Cependant, si elle intervient, étant donné que la nullité opère sans rétroactivité, **la dissolution est la sanction normale** (art. 1844-7, al. 3, 1844-15, al. 1 et 2, C. civ. ; art. L. 235-10 C. com.). Le législateur a pris conscience du chaos que provoquerait la remise en cause de l'ensemble des opérations passées par la société avant son annulation.

→ La liquidation judiciaire de la société

Le jugement ordonnant la liquidation judiciaire de la société entraîne automatiquement la dissolution de celle-ci. La liquidation judiciaire **s'assimile à une fermeture forcée** de la société. Si la société est en état de cessation des paiements et que sa situation apparaît irrémédiablement compromise, le juge peut prononcer sa mise en liquidation judiciaire.

→ La réunion de toutes les parts ou actions en une seule main

Lorsque toutes les parts ou actions sont réunies en une seule main à la suite d'une cession ou d'une transmission successorale, la société n'est plus dissoute de plein droit. **Un délai de 1 an est accordé à la société pour qu'elle opère sa régularisation** (art. 1844-5 C. civ. ; art. L. 223-4 C. com. sur la transformation en société unipersonnelle). Il convient de rappeler, ici, que l'associé unique est immédiatement soumis au régime des SARL ou des SAS unipersonnelles (art. L. 223-4 et L. 227-4 C. com.). Il revient à l'associé unique de maintenir cette situation ou de procéder à la régularisation par voie de cession ou par voie d'augmentation du capital avec entrée de nouveaux associés.

2. La dissolution provoquée

➜ La dissolution conventionnelle anticipée

Les associés peuvent, à tout moment, en cours de vie sociale, décider la dissolution anticipée de la société (art. 1844-7, al. 4, C. civ.). C'est, bien entendu, une décision grave, qui ne peut être prise qu'aux conditions exigées par la loi ou les statuts pour les modifications statutaires. La dissolution anticipée ne doit, cependant, pas être inspirée par une intention frauduleuse ou celle de nuire à la minorité.

➜ La dissolution judiciaire anticipée pour inexécution de ses obligations par un associé (art. 1844-7, al. 5, C. civ.)

Cette dissolution est faite à la demande d'un ou de plusieurs associés : à titre d'exemple, on peut envisager la défaillance d'un associé qui aurait promis un apport en industrie et qui serait dans l'incapacité d'effectuer ce travail (défaillance involontaire, infirmité habituelle…). Il s'agit de **cas exceptionnels** qui relèvent du pouvoir d'appréciation du juge. Mais un associé peut refuser délibérément de remplir ses devoirs, preuve d'une absence d'*affectio societatis*.

➜ La dissolution judiciaire anticipée pour mésentente entre associés

C'est le 2e motif prévu à l'article 1844-7, alinéa 5, du Code civil. Mais les tribunaux ne font droit à cette demande de dissolution qu'avec beaucoup de réserve.

▸ La mésentente doit être grave et de nature à paralyser le fonctionnement de la société

Cette condition est générale et constitue un élément des justes motifs de dissolution : par exemple, absence de majorité ou existence d'une égalité paralysante entre deux groupes d'associés, impossibilité d'avoir un ou plusieurs organes sociaux (dans les SA et dans les SCA notamment), conflit exacerbé entre les deux seuls associés, rupture de la répartition égalitaire voulue initialement dans une SNC, mésentente interdisant toute activité sociale et accompagnée de dénonciations, divergences stratégiques entre les commandités et les commanditaires…

▸ Lorsque la société est prospère, les juges tenteront, préalablement, de dénouer la crise en désignant un administrateur provisoire

La dissolution peut être prononcée dans tous les cas où l'*affectio societatis* fait défaut, et même en cas d'abus de majorité, sans qu'il y ait paralysie de la société

(Cass. com., 18 mai 1982). L'action en dissolution appartient à tout associé qui se prévaut d'un intérêt légitime (art. 1844-7, al. 5, C. civ.). Tel n'est pas le cas de l'associé responsable de la mésentente. L'action est d'ordre public et ne peut donc être soumise à aucune restriction des statuts. Le jugement de dissolution ne produit pas d'effet rétroactif.

B– Les effets de la dissolution

1. La liquidation de la société

▶ La liquidation d'une société est l'ensemble des opérations consécutives à sa dissolution, qui ont pour objets d'**apurer le passif** et de **convertir les éléments d'actif en argent liquide**, en vue de procéder au partage, entre les associés, de l'actif net subsistant.

▶ Le Code de commerce réglemente, de façon très détaillée, la liquidation, en organisant tout particulièrement le contrôle des associés sur l'activité des liquidateurs (art. L. 237-2 à -31 C. com.). Certaines dispositions sont impératives, d'autres sont supplétives (régime légal par défaut et en cas de dissolution judiciaire).

→ La survie de la personnalité morale

▶ La personnalité de la société survit à sa dissolution. Pendant la période de liquidation (créances à récupérer, contrats à achever, biens à vendre…), qui peut s'étendre sur plusieurs années, il est nécessaire que le patrimoine social reste attaché à la personnalité de la société. Mais cette personnalité est réduite, puisqu'elle ne survit que pour les besoins de la liquidation et jusqu'à la clôture de celle-ci, qui est, en principe, fixée au jour où elle est constatée par l'assemblée des associés ou par décision de justice (art. L. 237-9 à -10 C. com.). La clôture doit intervenir dans un délai de 3 ans à compter de la dissolution (art. 1844-8 *in fine* C. civ. ; art. L. 237-21 C. com.). La société conserve son siège social et sa dénomination sociale (art. 237-2, al. 1, C. civ.). Elle conserve également son patrimoine social. Les associés ne deviennent pas copropriétaires indivis des biens de la société.

→ Le sort des organes sociaux

▶ Les pouvoirs des dirigeants sociaux prennent fin à la date de la dissolution de la société tant dans l'ordre interne que dans l'ordre externe (art. L. 237-15 *sq*. C. com.). Ils ne peuvent plus consulter ou convoquer l'assemblée, ni faire appel d'un jugement, ni renouveler une marque. Mais ils doivent rendre compte de l'exécution de leur mandat antérieur à la dissolution, devant une assemblée convoquée par le liquidateur (dans les 6 mois de la dissolution).

► L'ancien représentant légal de la société, bien que privé de ses pouvoirs de représentation en application de l'article 1844-6, alinéa 7, du Code civil, demeure donc une personne habilitée à recevoir la signification de l'arrêt confirmant le jugement de liquidation judiciaire.

S'agissant des organes de contrôle et de surveillance, deux situations sont à distinguer :
- **Dans l'hypothèse d'une liquidation légale**, décidée par voie de justice ou applicable dans le silence des statuts, la dissolution ne met pas fin aux fonctions du Conseil de surveillance (CS) ni à celles du ou des commissaires aux comptes : ils contrôlent les comptes sociaux présentés par le liquidateur, non les comptes de clôture de la liquidation (art. L. 237-14 à -31 C. com.).
- **Dans l'hypothèse d'une liquidation statutaire ou conventionnelle**, l'AG extraordinaire peut mettre fin (en même temps) aux fonctions du CS et du ou des CAC (ces derniers doivent rendre compte des vérifications et des irrégularités constatées jusqu'ici).

→ Les modalités de la liquidation

► Selon le cas, un ou plusieurs liquidateurs sont désignés dans les statuts, à défaut par les associés ou, à défaut, par voie de justice (art. L. 237-1 et -18, L. 407 et D. 274, al. 1, C. com.). Le liquidateur peut être choisi parmi les associés ou les tiers, personnes physiques ou morales (administrateur judiciaire, mandataire-liquidateur, par exemple). Ses fonctions sont limitées à 3 ans (art. L. 237-21 C. com.), en principe.

► Le liquidateur est, désormais, le seul représentant de la société (art. L. 237-24, al. 1, C. com.). La mission qui lui est confiée est très vaste, puisqu'il doit :
- **dresser un inventaire** de l'actif et du passif et prendre les mesures conservatoires qui s'imposent pour protéger l'actif social (renouvellement des baux, assurances, hypothèques, privilèges, interruption des prescriptions, maintien de l'immatriculation…) ;
- recouvrer les créances sociales non seulement contre les tiers (clients, locataires…), mais aussi contre les associés qui n'auraient pas encore libéré leurs apports ou qui auraient reçu des avances de la société ;
- réaliser l'actif, même à l'amiable ; aucune restriction de ses pouvoirs ne serait opposable aux tiers (art. L. 237-24, al. 1, C. com.) ; le législateur a, cependant, pris certaines précautions destinées à éviter des opérations douteuses ;

- **payer les créanciers de la société** (art. L. 237-24, al. 2, C. com.), qui sont désintéressés au fur et à mesure qu'ils se présentent et qui peuvent opposer au liquidateur la compensation entre leur dette et leur créance ;
- **éventuellement verser aux associés des acomptes sur liquidation**, mais cette distribution ne peut être faite que sous réserve des droits des créanciers (art. L. 237-31, al. 1, C. com.) ; à défaut, le liquidateur engage sa responsabilité pénale (art. L. 245-5 et -7 C. com.).

▶ Le Code de commerce donne aux associés un rôle important dans la surveillance des opérations de liquidation. Pendant toute la période de liquidation, les documents sociaux leur sont communiqués dans les mêmes conditions qu'avant la dissolution (art. L. 237-26 C. com.).

▶ La **responsabilité civile du liquidateur** peut être engagée pour toutes les fautes dommageables qu'il aurait commises, le préjudice pouvant avoir été subi par les tiers, la société et même par les associés (art. L. 237-12 et L. 225-254 C. com.) : non-renouvellement d'un bail, présentation non fidèle ou incomplète des comptes, clôture prématurée de la liquidation, non-paiement des créanciers qui se sont opposés à la vente du fonds de commerce, omission d'inclure dans les comptes de la société une créance dont il avait connaissance, défaut d'indication de la mention « *société en liquidation* », omission de déclarer la société en cessation de paiements…

→ La clôture de la liquidation

En fin de liquidation, **tous les associés**, y compris les titulaires d'actions à dividendes prioritaires s'il en existe, **doivent être convoqués par le liquidateur** (à défaut, par un mandataire judiciaire) pour statuer sur le compte définitif, sur le *quitus* de la gestion du liquidateur et sur la décharge de son mandat. L'assemblée constate également la clôture de la liquidation (art. L. 237-9 C. com.) ; elle est distincte de celle décidant la dissolution et doit faire l'objet d'une publicité séparée. Les conditions de quorum et de majorité sont celles applicables aux assemblées générales ordinaires, sauf clause statutaire contraire.

2. Le partage des biens sociaux

→ Le déroulement de l'opération de partage

▶ La mise en œuvre du partage

Le partage entre associés a pu commencer en cours de liquidation, lorsque le liquidateur a procédé à une distribution sur les fonds disponibles. Mais il intervient, en principe, après clôture de la liquidation, et ce **sont les règles prévues pour le partage des successions qui s'appliquent** (art. 1844-9, al. 2, C. civ.). Le Code de commerce ne contient qu'un seul article se référant au partage, lequel fixe les droits des associés dans le boni de liquidation (art. L. 237-29 C. com.). **Le partage est, généralement, amiable.** Il pourrait être judiciaire si les associés ne s'entendaient pas ou si figuraient parmi eux des incapables (art. 823, 838 et 466 C. civ.). Il peut être différé par convention entre les co-indivisaires. Lorsque les biens à partager comprennent des immeubles, l'acte de partage doit revêtir la forme authentique ; et, lorsqu'il s'agit de parts de SARL ou d'actions de SA soumises à agrément, l'attributaire doit se faire agréer dans les conditions fixées par la société émettrice.

▶ La réalisation du partage

Le partage tend à **fixer la part de chaque associé dans les valeurs actives et, éventuellement, passives** qui résultent du compte définitif de liquidation. Il va porter sur l'actif restant après extinction totale du passif, sur le passif restant après réalisation de l'actif ou sur les éléments d'actif non réalisés et les dettes sociales non encore payées à la clôture de la liquidation.
Normalement, tous les éléments d'actif ont dû être réalisés. Il est, toutefois, permis aux associés de décider, soit dans les statuts, soit par une décision ou un acte distinct, que certains biens seront attribués à certains associés (attribution conventionnelle). À défaut, tout bien apporté qui se retrouve en nature dans la masse partagée est attribué, sur sa demande et à charge de soulte s'il y a lieu, à l'associé qui en avait fait l'apport. Cette **reprise d'apport** s'effectue avant toute attribution préférentielle qui pourrait être demandée, aussi bien sur les parts sociales que sur les actions (art. 1844-9, al. 3, C. civ.).

> La **soulte** est la somme d'argent qui doit être payée par celui qui, à l'occasion du partage d'une indivision, reçoit un lot d'une valeur plus élevée que celle à laquelle ses **droits** lui permettent de prétendre.

▶ Deux hypothèses :

- **Dans l'hypothèse où tout l'actif a été réalisé**, s'il reste une somme d'argent à partager, chaque associé commence par recevoir le montant nominal des parts ou des actions dont il est titulaire. C'est le remboursement du capital.
- **Dans l'hypothèse où le passif n'a pu être intégralement réglé**, les associés, dont la responsabilité est limitée à leurs apports, perdent tout ou partie de ceux-ci (SARL, SA, SAS, SCA et SCS pour les commandités). La masse à partager comprend les

biens existants de la société ainsi que les sommes ou valeurs dont les associés peuvent être débiteurs envers elle (art. 830 et 856 C. civ.). Les associés tenus solidairement et indéfiniment des dettes sociales devront, quant à eux, désintéresser personnellement les créanciers sociaux non payés. Le partage, comme le partage successoral, a un effet déclaratif (art. 883 C. civ.). Chacun des associés est censé succéder immédiatement à la société pour tous les biens qui lui sont attribués et n'avoir jamais eu aucun droit sur ceux attribués aux autres associés.

→ Le sort des créanciers sociaux

Lorsque la liquidation est terminée, les créanciers n'ont plus d'action contre la société. Ils ont, cependant, une **action directe contre les associés si l'actif a été partagé** alors qu'ils n'ont pas été désintéressés. En pratique, elle n'a d'intérêt que pour les associés tenus solidairement du passif social, notamment les associés de SNC, et, plus exceptionnellement, pour ceux dont la responsabilité est limitée. Elle ne joue qu'en faveur des actions intentées par les tiers contre des associés pris individuellement.

6 chapitre

Les sociétés à risque limité

▸ De façon à organiser les rapports entre de nombreux **associés qui ne se connaissent pas** et ne cherchent pas à se connaître, et à permettre l'agglomération de capitaux importants provenant de sources variées, **le législateur a créé plusieurs formes de sociétés de capitaux**. Dans ces sociétés, les rapports entre associés sont fortement marqués par un caractère institutionnel, la réglementation les concernant étant, le plus souvent, impérative et se substituant, d'une certaine façon, à l'*intuitu personae* qui marque les sociétés de personnes.

▸ L'un des caractères principaux des sociétés de capitaux est la **limitation du risque encouru par les associés non dirigeants** – d'où leur nom. Ce risque est, en effet, limité à la perte totale des capitaux apportés, lesquels garantissent les tiers. En ce qui concerne les dirigeants, associés ou non, leur risque est régi par la réglementation concernant les défaillances d'entreprise, et leur responsabilité peut être engagée au-delà des capitaux apportés, qu'ils soient dirigeants de droit ou de fait.

▸ Les associés choisissent la forme de société qu'ils estiment la plus adaptée aux besoins de leur entreprise suivant différents critères : nombre d'associés, organisation du pouvoir, ouverture du capital…

I. La société anonyme (SA)

A– Définition et caractéristiques

▸ Parmi les sociétés de capitaux, la **forme qui a le plus d'importance économique** est la société anonyme. Plus de 33 000 SA sont immatriculées en France. Même si ce nombre ne semble pas très important par rapport à d'autres formes, il faut attirer l'attention sur le fait que certaines sont des sociétés têtes de groupe (ou sociétés mères) qui ont donc un poids économique très important.

▶ Les SA peuvent être des **sociétés fermées**, regroupant un petit nombre d'actionnaires, ou **des sociétés ouvertes**, dont les titres sont sur le marché et qui comptent donc un très grand nombre d'actionnaires.

▶ L'article L. 225-1 du Code de commerce définit la société anonyme comme « *la société dont le capital est divisé en actions et qui est constituée entre des associés qui ne supportent les pertes qu'à concurrence de leurs apports* ». Il s'agit de la forme qui connaît la réglementation la plus développée, puisque **plus de 300 articles** du Code de commerce lui sont consacrés.

▶ La SA, dans sa forme actuelle, a été créée par la loi du **23 mai 1867**. Elle a permis le financement du développement industriel tout au long des XIXe et XXe siècles. De nombreuses lois ont modifié celle de 1867, jusqu'à la loi du 24 juillet 1966 qui a profondément réformé le système. Depuis lors, les réformes ne cessent d'adapter la SA aux besoins de l'économie.

▶ Les termes employés peuvent poser des problèmes. En effet, cette société est dite « anonyme » parce que les associés ne se connaissent pas, mais il est évident que la société elle-même est connue des associés et des tiers. Par ailleurs, les membres de la société sont, dans le Code de commerce, qualifiés soit d'« *associés* » (comme dans l'article cité ci-dessus), soit d'« *actionnaires* », étant associés d'une société par actions ! Dans cette forme de société, l'emploi de l'un ou l'autre terme est possible, et revêt le même sens dans les sociétés par actions, comme le montre le Code de commerce.

Valeurs mobilières. Cette notion est définie à l'article L. 228-1, alinéa 2, du Code de commerce. Les valeurs mobilières émises par les sociétés par actions sont des titres financiers au sens de l'article L. 221-1 du Code monétaire et financier. Elles peuvent être des actions ordinaires, des actions de préférence, des obligations, des valeurs mobilières complexes. Leur régime a fait l'objet de nombreuses réformes, notamment par la transposition de directives européennes.

Ces valeurs mobilières ne sont plus représentées par un support matériel, mais uniquement par des inscriptions en compte depuis la loi de 1980 sur la dématérialisation des valeurs mobilières. Seules les sociétés cotées peuvent émettre des titres au porteur, et, dans tous les cas, la transmission des valeurs mobilières s'effectue par virement de compte à compte. Seule l'inscription en compte vaut titre de propriété.

Les valeurs mobilières relèvent du principe de « libre négociabilité » qui implique, d'une part, que le transfert de propriété s'effectue suivant les formes commerciales et, d'autre part, que le choix du cessionnaire soit libre. Toutefois, ce principe n'est pas d'ordre public et les statuts peuvent prévoir des restrictions à la libre négociabilité des actions, comme des clauses d'agrément, des clauses de préemption ou des pactes extrastatutaires de préférence, voire, dans certains cas, des clauses d'inaliénabilité qui doivent être limitées dans le temps et justifiées par l'intérêt de la société (Cass. civ., 1re ch., 31 oct. 2007).

B– Constitution de la société anonyme

L'ordonnance n° 2009-80 du 22 janvier 2009 a simplifié les conditions de constitution d'une société anonyme qui ne procède pas à une offre des titres au public. Il y a donc, désormais, deux régimes de création de la SA : la création par offre de titres au public et la création simplifiée. Pour les conditions générales de constitution d'une société, reportez-vous au chapitre 2 (p. 39).

1. Création par offre de titres au public

▶ La notion de « société offrant au public des instruments financiers » est fondée sur deux critères alternatifs qui conduisent à ce que la création d'une SA par offre de titres au public se fasse soit par un **placement des titres par des intermédiaires financiers**, soit par une **communication publique** donnant une information suffisante sur les conditions de l'offre et sur les titres à offrir, de façon qu'un investisseur soit en mesure de décider d'acheter ces titres financiers (art. L. 411-1 C. mon. fin.).

▶ Les fondateurs établissent un **projet de statuts** et doivent en déposer un exemplaire au greffe du Tribunal de commerce du lieu du siège social (art. L. 225-2 C. com.). Ils publient également une note d'information soumise au visa de l'AMF. Le nombre minimal d'associés est de sept. Après ces publications, les souscriptions d'actions peuvent être reçues.

▶ **Une assemblée générale constitutive constate, ensuite, la souscription entière du capital** (au moins 37 000 €) et la libération d'au moins la moitié du capital souscrit en numéraire. Cette assemblée nomme également les premiers administrateurs ou membres du conseil de surveillance et désigne un ou plusieurs commissaires aux comptes.

▶ **Le capital doit être intégralement souscrit**, même si les actions en numéraire peuvent n'être libérées que de la moitié de leur valeur nominale (art. L. 225-3 et -12 C. com.). On retrouvera, sous une forme un peu différente, cette possibilité lors de l'augmentation de capital. La libération, c'est-à-dire le versement monétaire, doit intervenir dans les 5 ans suivant l'immatriculation de la société au RCS, sur appel du conseil d'administration ou du directoire, selon le cas. Les actions représentatives d'apports en nature doivent être intégralement libérées.

▸ Les fonds recueillis au nom de la société en formation doivent être déposés dans les 8 jours entre les mains d'un dépositaire agréé, accompagnés des bulletins de souscription.

2. Constitution d'une société anonyme fermée

▸ La constitution fermée est le **mode le plus habituel de constitution** d'une SA. Quelques personnes – au minimum, deux associés depuis l'ordonnance du 10 septembre 2015 (art. L. 225-1 C. com.) – se réunissent pour créer la société, quitte à ouvrir le capital ultérieurement. **La procédure de constitution est simplifiée** : il n'y a pas de dépôt au greffe du projet de statuts, ni de notice. La souscription du capital et les versements sont directement constatés par un certificat du dépositaire sur présentation de la liste des actionnaires mentionnant les sommes versées par chacun d'eux.

▸ Les statuts sont signés par les actionnaires et les premiers administrateurs, et le ou les commissaires aux comptes sont désignés dans les statuts. **Il n'y a pas d'assemblée générale constitutive.**

C– La direction et l'administration de la société anonyme

L'une des particularités de la SA est de connaître **deux modes de gouvernance** : le mode classique, hérité de la loi de 1867, est une direction composée d'un **conseil d'administration** et d'une **direction générale** ; l'autre mode, provenant d'Allemagne, est une direction composée d'un **conseil de surveillance** et d'un **directoire**. Il faut noter que l'implantation du modèle allemand par la loi de 1966 n'a pas connu le succès escompté.

1. Conseil d'administration ou conseil de surveillance

➜ Le conseil d'administration

▸ Composition et nomination du conseil d'administration

Dans une gouvernance classique, la société est administrée par un conseil d'administration, dont **le nombre de membres minimal est de trois et le nombre maximal, fixé dans les statuts, ne peut excéder dix-huit** (art. L. 225-17 C. com.). Depuis une loi de 2011 modifiée par la loi PACTE et l'Ordonnance du 16 septembre 2020, **un équilibre entre hommes et femmes doit être recherché** dans sa composition.

L'article L. 225-18-1 prévoit que « *la proportion des administrateurs de chaque sexe ne peut être inférieure à 40 %* [...] *dans les sociétés qui, pour le troisième exercice consécutif, emploient un nombre moyen d'au moins 250 salariés permanents et présentent un montant net de chiffre d'affaires ou un total de bilan d'au moins 50 millions d'euros* ». Cette règle s'applique, désormais, que les titres composant le capital de la société soient sur un marché réglementé ou non. Les nominations violant cette disposition et n'ayant pas pour effet de remédier à cette disposition sont nulles et la conséquence de cette nullité de nomination est la nullité des délibérations prises par un conseil d'administration irrégulièrement composé.

Les administrateurs sont nommés par l'AG ordinaire, par l'assemblée constitutive ou dans les statuts lors de la création de la société pour un **mandat dont la durée est fixée dans les statuts et ne peut dépasser 6 ans.** Les administrateurs sont rééligibles (art. L. 225-18 C. com.), mais peuvent être révoqués librement par l'assemblée générale statuant dans les conditions d'une AG ordinaire, même si cette question ne figure pas à l'ordre du jour de l'AG. Lorsqu'un poste devient vacant, par décès ou démission, le conseil peut coopter un membre si le nombre de membres n'est pas inférieur au minimum légal de trois. Cette nomination est soumise à ratification par la prochaine AG.

Les statuts peuvent imposer que chaque administrateur soit propriétaire d'un certain nombre d'actions. Si les statuts ne prévoient rien, un administrateur peut ne pas être actionnaire.

Les administrateurs peuvent être des personnes physiques ou des personnes morales, mais, dans ce second cas, celles-ci doivent désigner un représentant permanent qui a les mêmes responsabilités et les mêmes droits qu'un administrateur physique (art. L. 225-20 C. com.). Une personne physique ne peut être membre de plus de cinq conseils d'administration de sociétés dont le siège est sur le territoire français (art. L. 225-21 C. com.). Cependant, les mandats d'administrateur détenus dans des sociétés dont les titres ne sont pas admis sur le marché et qui sont contrôlées par une société dont la personne est administrateur ne comptent que pour un seul.

Un salarié de la société peut être nommé membre du conseil d'administration si son contrat de travail est effectif ; en revanche, un administrateur ne peut pas conclure de contrat de travail avec la société dont il est administrateur. Le nombre d'administrateurs liés par contrat de travail avec la société ne peut excéder le tiers des membres du conseil. Dans ces limites, ne sont pas comptés les administrateurs élus par les salariés (art. L. 225-27 C. com.) et ceux représentant les salariés actionnaires ou le fonds commun de placement dans les sociétés à participation ouvrière.

Les statuts d'une société ayant son siège sur le territoire français, qui emploie plus de 1 000 salariés pendant plus de deux exercices consécutifs, directement ou dans des filiales directes ou indirectes ayant leur siège en France, ou bien qui emploie plus de 1 500 salariés directement ou dans des filiales ayant leur siège en France ou à l'étranger, doivent prévoir l'élection d'administrateurs représentant les salariés.

Un administrateur peut être révoqué par l'assemblée générale, même si cette question ne figure pas à l'ordre du jour, en application de la théorie des incidents de séance. Cependant, même dans ce cas, le principe du contradictoire doit être respecté, c'est-à-dire que l'administrateur révoqué doit avoir été en mesure de présenter sa défense. La chambre commerciale de la Cour de cassation le rappelle clairement : « *Alors que le respect du principe du contradictoire implique la communication des griefs à la personne concernée afin qu'elle puisse utilement faire valoir ses observations ; qu'il en découle que la révocation d'un administrateur et président du conseil d'administration d'une société anonyme suppose que l'intéressé ait été averti des griefs formulés au soutien de la proposition de révocation présentée à l'assemblée générale, afin qu'il puisse présenter utilement ses observations avant la décision de révocation* » (Cass. com., 14 mai 2013, publié au *Bulletin*).

▶ Les pouvoirs du conseil d'administration

« *Le conseil d'administration* ***détermine les orientations*** *de l'activité de la société* [...]. *Il se saisit de toute question intéressant la bonne marche de la société et règle, par ses délibérations, les affaires qui la concernent.* [...] *Le conseil d'administration* ***procède aux contrôles et vérifications*** *qu'il juge opportuns* » (art. L. 225-35 C. com.).
Cette définition des pouvoirs du conseil est très vaste et imprécise. Il faut noter, d'une part, que le conseil d'administration n'a pas la personnalité morale – ce n'est qu'un organe de la société – et, d'autre part, que **c'est un organe collectif** – les décisions ne peuvent être prises que dans des conditions précises.
Pour pouvoir délibérer, au moins la moitié des membres doit être présente ou représentée. Un membre ne peut détenir qu'un seul pouvoir de représentation. Les décisions sont prises à la majorité des voix des membres présents ou représentés, si les statuts ne prévoient pas une majorité renforcée.
La loi n° 2019-744 du 19 juillet 2019 permet que les statuts puissent autoriser la prise de décision par le conseil d'administration par consultation écrite des membres du conseil. Pour les sociétés dont les statuts sont antérieurs à cette loi, une modification de ceux-ci sera nécessaire pour pouvoir appliquer cette disposition. Sont visées les décisions concernant les nominations d'administrateurs à titre provisoire, les convocations de l'assemblée générale, les autorisations préalables des cautions, avals et garanties, la mise en conformité des statuts avec les dispositions législatives

et réglementaires sur délégation de l'AGE, le transfert du siège dans le même département. Cette disposition s'applique également au conseil de surveillance.
Parmi les pouvoirs les plus importants du conseil d'administration se trouvent la nomination et la révocation, le cas échéant, de son président, du directeur général et du ou des directeurs généraux délégués. Le conseil est également l'organe qui convoque l'AG et en fixe l'ordre du jour. Il autorise les cautions, avals et garanties accordés par la société.

➜ Le conseil de surveillance

▶ La composition du conseil de surveillance et les conditions de nomination et de révocation de ses membres sont, à peu de choses près, identiques à celles du conseil d'administration. Les dispositions concernant la répartition des sièges suivant les sexes sont les mêmes.

▶ Ses pouvoirs sont, toutefois, différents : « *Le conseil de surveillance exerce le* ***contrôle permanent de la gestion de la société par le directoire****.* […] *À toute époque de l'année, le conseil de surveillance opère les vérifications et les contrôles qu'il juge opportuns et peut se faire communiquer les documents qu'il estime nécessaires à l'accomplissement de sa mission. Une fois par trimestre au moins,* ***le directoire présente un rapport au conseil de surveillance*** » (art. L. 225-68 C. com.).

▶ On s'aperçoit que les pouvoirs de gestion du conseil d'administration sont beaucoup plus importants, en théorie, que ceux du conseil de surveillance. Ce dernier ne détermine notamment pas la stratégie de l'entreprise. Toutefois, il faut noter que cette différence n'a plus de grande conséquence en ce qui concerne l'obligation de rapports trimestriels dans les sociétés à conseil de surveillance dont les titres sont sur un marché, car les règles de fonctionnement de ces marchés imposent la publication régulière de comptes – ce qui nécessite une réunion trimestrielle des conseils dans les deux modes de fonctionnement.

> La **loi PACTE** réforme le régime des administrateurs (ou membres du conseil de surveillance) salariés dans les SA (art. L. 225-27, al. 1, C. com.) qui emploient au moins 2 000 salariés ETP pendant au moins deux années consécutives (filiales comprises), si leur siège social se trouve sur le territoire français, ou au moins 5 000 salariés ETP (filiales comprises), si leur siège social se situe à l'étranger. Un administrateur salarié devra siéger au conseil d'administration ou de surveillance dès que le conseil est composé de huit membres, et deux salariés si le conseil est composé de plus de huit membres. La modification des statuts sera à effectuer lors de l'assemblée générale ordinaire tenue en 2020, et les administrateurs salariés prendront leurs fonctions au plus tard six mois après la tenue de cette AG.

2. Direction générale ou directoire

Le conseil d'administration nomme une direction générale, tandis que le conseil de surveillance nomme un directoire.

→ La direction générale

Dans la SA classique, la direction est assurée par un président du conseil d'administration et un directeur général, qui sont obligatoirement des personnes physiques.

▶ Le président

Le conseil d'administration nomme, parmi ses membres, son président par un vote à la majorité simple des membres présents ou représentés. **Ce doit être une personne physique**. La limite d'âge est de 65 ans, à défaut de disposition statutaire prévoyant une autre limite. La durée de son mandat est identique à celle de son mandat d'administrateur.

Le président peut être révoqué à tout moment, sans motif, par le conseil d'administration. Aucune disposition statutaire ne peut aller contre cette disposition. Cette révocation ne doit, toutefois, pas être injurieuse ou vexatoire, faute de quoi des dommages et intérêts pourraient être dus (art. L. 225-47 C. com.). Par ailleurs, si l'AG révoque le mandat d'administrateur de celui que le conseil d'administration avait nommé président, il perd automatiquement sa qualité de président. De même, si le mandat d'administrateur du président est renouvelé, le conseil doit procéder à une nouvelle nomination de celui-ci dans cette fonction.

La rémunération du président est fixée par le conseil d'administration. Dans les sociétés cotées, elle est soumise au vote de l'AG.

Le président convoque le conseil d'administration et fixe l'ordre du jour des réunions. En cas de partage des voix, sa voix est prépondérante, sauf disposition contraire dans les statuts.

▶ Le directeur général

Le directeur général est nommé par le conseil d'administration parmi ses membres ou, si les statuts ne l'exigent pas, en dehors de ceux-ci. Il est le représentant légal de l'entreprise. **C'est un mandataire social et non un salarié**. Il ne doit pas être confondu avec les salariés ayant le titre de directeur. Ses actes vis-à-vis des tiers engagent l'entreprise dans tous les cas, et les limitations à ces pouvoirs qui seraient inscrites dans les statuts ou dans la décision de nomination ne sont pas opposables aux tiers. La violation de ces limitations ne serait qu'un abus de pouvoir engageant la responsabilité du directeur général vis-à-vis de la société.

Le directeur général doit être une personne physique, âgée de 65 ans au maximum, sauf disposition statutaire contraire. Une limitation au cumul des mandats

ayant été instaurée, une même personne ne peut détenir plus d'un mandat de directeur général ou de membre du directoire d'une société ayant son siège sur le territoire français. Par exception, un second mandat de directeur général peut être détenu dans une société contrôlée ou dans une société non cotée.
La rémunération du directeur général est fixée par le conseil d'administration. Elle **est assimilée fiscalement et socialement à un salaire**. Dans une société cotée, cette rémunération doit faire l'objet d'un vote en assemblée générale.
Le directeur général peut être assisté de directeurs généraux délégués (art. L. 225-53 C. com.). Ceux-ci sont nommés par le conseil d'administration sur proposition du directeur général. Cet article a été modifié plusieurs fois et il est, désormais, impératif de concevoir un processus de nomination garantissant la présence d'au moins un candidat de chaque sexe parmi les candidats au terme du processus de désignation. Cet article précise que les propositions de nomination doivent s'efforcer de rechercher *« une représentation équilibrée des femmes et des hommes »*.
Le directeur général délégué ne dispose que des pouvoirs qui lui ont été conférés par le conseil d'administration. Toutefois, cette limitation de pouvoirs n'est pas opposable aux tiers. Il en résulte que le directeur général délégué dispose, vis-à-vis des tiers, des mêmes pouvoirs que le directeur général, c'est-à-dire du pouvoir général d'engager la société.

➜ Le directoire

▶ Autant les différences entre le conseil d'administration et le conseil de surveillance sont devenues relativement minimes, autant la différence entre direction générale et directoire reste importante.

▶ **Le nombre de membres du directoire est fixé, dans les statuts, entre 2 et 5, voire 1 seul membre** lorsque le capital de la société est inférieur à 150 000 €. Dans ce cas, le membre unique prend le titre de « directeur général unique ».

▶ **Les conditions de nomination sont similaires à celles des directeurs généraux (voir ci-dessus).** La qualité d'actionnaire n'est plus obligatoire (ce qui, en 1966, faisait une différence avec le système classique). Un membre du directoire ne peut pas être membre du conseil de surveillance, contrairement à un directeur général qui peut être membre du conseil d'administration.

▶ **Les membres du directoire sont nommés par le conseil de surveillance.** Aucune procédure de cooptation n'est autorisée par la loi. L'article L. 225-58 prévoit, désormais, que la composition du directoire doit s'efforcer de rechercher un équilibre entre les femmes et les hommes. Le conseil de surveillance nomme et révoque le président du directoire.

▶ **La durée du mandat est fixée, dans les statuts, entre 2 et 6 ans.** En cas de silence des statuts, cette durée est de 4 ans.

▶ La procédure et les conditions de révocation peuvent être différentes de celles des directeurs généraux. En effet, la loi prévoit que **la révocation d'un membre du directoire est décidée en assemblée générale** – ce qui crée une dissymétrie entre la nomination et la révocation et renforce l'indépendance du directoire. Cependant, les statuts peuvent prévoir la révocation par le conseil de surveillance. Une autre différence réside dans le fait que la révocation doit être décidée sur juste motif, sans quoi elle ouvre droit à dommages et intérêts, et que les membres du directoire dont la révocation est envisagée doivent pouvoir exposer leurs arguments en vertu du principe du contradictoire.

La notion de « **juste motif de révocation** » est une notion complexe qui a fait l'objet d'une jurisprudence importante. Les désaccords entre membres du directoire sur la politique de l'entreprise peuvent être un juste motif. La chambre commerciale de la Cour de cassation retient ainsi « *qu'un grave désaccord sur le mode de gestion de la société et une forte mésentente opposaient les deux membres du directoire* » ; elle relève aussi « *que ces circonstances ne permettaient pas un fonctionnement collégial de cet organe et étaient de nature à mettre en péril la bonne marche et la pérennité de la société* ». La Cour retient que cet état de fait est de nature à compromettre l'intérêt social et est donc de nature à constituer un juste motif de révocation (Cass. com., 19 déc. 2006).

▶ **Le conseil de surveillance fixe le montant et les conditions de rémunération des membres du directoire.** Cependant, dans les sociétés cotées, l'AG doit approuver *a priori* les conditions et le montant de cette rémunération, et *a posteriori* les éléments de la rémunération attribuée à chacun d'eux au titre de l'exercice dont les comptes lui sont soumis. Les membres du directoire bénéficient du statut fiscal et social des salariés. Ils peuvent cumuler un contrat de travail avec leur mandat social, si ce travail est effectif et différent de leur mandat. Ce contrat de travail est soumis à la procédure des conventions réglementées.

▶ **Sauf si les statuts en disposent autrement, seul le président du directoire est le représentant légal de la société** (art. L. 225-66 C. com.). Le directoire est, comme le directeur général, investi des pouvoirs les plus larges pour engager la société. Aucune limitation statutaire ou conventionnelle n'est opposable aux tiers. Le directoire exerce les fonctions de direction de l'entreprise mais également des fonctions de gestion qui sont réservées au conseil d'administration dans la forme classique (notamment déterminer les orientations stratégiques de la société). Le directoire peut également convoquer l'AG et en fixer l'ordre du jour.

3. Rapports entre les dirigeants et la société

▶ Les conventions entre les membres du conseil d'administration et de la direction générale (ou du conseil de surveillance et du directoire) avec la société font l'objet de **procédures de contrôle spécifiques**. Il est, en effet, évident que les personnes occupant ces fonctions sont dans des positions leur permettant d'utiliser les fonds ou les biens de la société à des fins personnelles contraires à l'intérêt social ou relevant de conflits d'intérêts.

▶ Ces conventions sont classées en trois catégories :

- **Les conventions interdites** sont celles qui créent le plus de risques pour la société. Elles sont énumérées limitativement par l'article L. 225-43 du Code de commerce. Il s'agit des emprunts ou découverts consentis par la société et des cautions, avals et garanties. Cette interdiction concerne toutes les personnes physiques dirigeantes de la société, auxquelles s'ajoutent les conjoints, ascendants, descendants et toute personne interposée. La sanction est la nullité absolue de la convention qui peut être soulevée même d'office par le juge. La société peut opposer cette nullité aux tiers s'ils sont de bonne foi.
- **Les conventions libres** sont celles qui portent sur des opérations courantes conclues à des conditions normales ou, depuis l'ordonnance du 31 juillet 2014, sur les conventions conclues avec une filiale détenue directement ou indirectement à 100 %. Le caractère d'opération courante définit une convention portant sur l'activité habituelle de la société – ce qui est, éventuellement, un champ plus restreint que celui de l'objet social.
- Les **conventions** qui ne sont ni interdites ni libres sont dites « **réglementées** ». Elles sont soumises à une procédure d'autorisation et de contrôle. Sont concernées les conventions passées entre la société et le directeur général, l'un des directeurs généraux délégués, les membres du conseil d'administration (y compris le président), ceux du directoire ou ceux du conseil de surveillance, ainsi que les conventions passées avec un actionnaire détenant plus de 10 % des droits de vote, et, s'il s'agit d'une société d'actionnaires, les conventions passées avec la société contrôlant cet actionnaire au sens de l'article L. 233-3 du Code de commerce.

Il faut préciser que ces conventions peuvent être passées directement ou par personne interposée et que sont aussi visées les conventions passées entre la société et une entreprise dont le dirigeant est propriétaire ou indéfiniment responsable. Le champ des personnes concernées est donc extrêmement large.

▶ **La procédure de contrôle est très lourde** et a été précisée de façon que les actionnaires soient en mesure d'apprécier les conséquences de ces conventions pour la société. Elle se déroule en cinq étapes :

- **information du conseil** par l'intéressé dès qu'il a connaissance d'une telle convention (information complète et indiquant les modalités essentielles) ;
- **autorisation préalable du conseil** par un vote auquel l'intéressé ne prend pas part ; le conseil doit motiver sa décision en justifiant sa décision par l'intérêt de la convention pour la société et en en précisant les conditions financières ;
- information du commissaire aux comptes par le président dans le délai de 1 mois de la conclusion en justifiant de l'intérêt de la convention pour la société ;
- **rapport spécial du commissaire aux comptes** à l'AG ordinaire d'approbation des comptes précisant les noms des intéressés, les principales conditions des conventions conclues et l'intérêt de ces conventions pour la société ;
- **approbation lors de l'AG ordinaire** d'approbation des comptes, l'intéressé ne prenant pas part au vote et ses actions n'étant pas décomptées pour le calcul du quorum et de la majorité.

▶ Lorsqu'une convention autorisée se poursuit pendant plusieurs exercices, le commissaire aux comptes doit en être informé dans le mois qui suit la clôture de l'exercice et en mentionner les conséquences dans son rapport spécial ; de même pour les conventions à exécution successive qui se poursuivent sur plusieurs exercices. Le conseil doit réexaminer, chaque année, la convention concernée et communiquer sa délibération au CAC pour que celui-ci l'inclut dans son rapport spécial.
À ce rapport doit être ajoutée une information dans le rapport de gestion concernant les conventions passées entre un dirigeant ou un actionnaire détenant plus de 10 % du capital et les sociétés détenues à plus de 50 % par la société.
Si la procédure n'est pas respectée, la nullité de la convention peut être encourue. La nullité est relative, car elle ne peut être invoquée que par la société et si la convention a eu des conséquences dommageables pour elle. Elle est encourue si le conseil n'a pas approuvé la convention, soit parce qu'elle ne lui a pas été soumise, soit parce qu'il a refusé de l'autoriser. Elle n'est pas encourue si la convention a été approuvée par le conseil mais que le reste de la procédure n'a pas été respecté. La nullité peut être couverte par un vote de l'AG sur rapport spécial du CAC expliquant les raisons qui ont conduit à ne pas demander l'autorisation. Cependant, la responsabilité du dirigeant concerné peut être mise en cause en cas de dommage causé à la société, si la procédure n'a pas été intégralement respectée.

D – La consultation des associés

1. Le droit de vote

▶ Dans les sociétés à risque limité, comme la SA, les associés investissent tout ou partie de leur patrimoine. Leur voix doit donc compter dans la vie de la société.

Les modalités de leur consultation sont très importantes, d'autant que **le droit de vote est souvent considéré comme l'un des principaux droits des associés, à côté de leurs droits financiers.**

▶ **Tout actionnaire peut participer aux assemblées générales.** Ce principe est d'ordre public et figure à l'article 1844 du Code civil. À ce principe est associé celui de la « liberté de vote ». Les cessions de droit de vote et les engagements de voter dans un sens ou dans un autre sont nuls de droit et pénalement réprimés (art. L. 242-9 C. com.). De la même façon, est réprimé pénalement le fait d'empêcher un actionnaire de voter.
Cependant, les juges ont consacré certaines conventions relatives au vote, à la condition que l'actionnaire ne soit pas irrémédiablement privé de son droit de vote, que l'intérêt social soit respecté, que l'accord ne soit pas frauduleux et qu'il n'ait pas un fondement pécuniaire (car il y aurait alors un trafic de droits de vote pénalement répréhensible). Il faut, cependant, noter que ces conventions ne sont pas opposables à la société et que, par conséquent, si la convention a été violée lors d'une AG, cette dernière n'est pas nulle et la seule sanction possible est l'allocation de dommages et intérêts.

▶ **Le principe est qu'à chaque action est attachée une voix.** Mais des dispositions statutaires peuvent s'éloigner de ce principe :

- L'article L. 225-123 du Code de commerce prévoit que les statuts peuvent attribuer des droits de vote double à toutes les actions nominatives, entièrement libérées et détenues depuis plus de 2 ans par le même actionnaire, ainsi qu'aux actions attribuées à cet actionnaire lors d'une augmentation de capital par incorporation de réserves à raison des actions à droit de vote double détenues antérieurement à ladite augmentation de capital. La loi du 29 mars 2014 a inversé le système en introduisant le principe du « droit de vote double » dans les sociétés cotées, sauf disposition statutaire contraire.
- Les statuts peuvent aussi limiter le nombre de droits de vote détenus par un actionnaire de façon à protéger les petits actionnaires. Cette clause statutaire devient nulle lorsque le seuil des deux tiers du capital est détenu par un seul actionnaire à l'issue d'une offre publique d'achat.
- Dans certains cas, des actions peuvent être privées de droit de vote, notamment les actions à dividende prioritaire sans droit de vote créées par une assemblée générale extraordinaire de la société. Ces actions ne peuvent représenter plus du quart du capital social. Avant toute AG, les actionnaires titulaires de telles actions sont obligatoirement réunis en assemblée spéciale, afin qu'ils désignent un mandataire (ou plusieurs si les statuts le prévoient) chargé de les représenter lors de cette AG et d'y exposer leur point de vue sur les résolutions proposées.

2. Les modalités de réunion

▶ **Toute société anonyme doit réunir, au moins une fois par an, une assemblée générale ordinaire destinée à approuver les comptes** préalablement arrêtés, car ces derniers n'existent juridiquement que lorsqu'ils ont été approuvés par les actionnaires.

▶ **La convocation de l'assemblée générale est soumise à des conditions très strictes dont le non-respect conduit à la nullité des délibérations.** Toutefois, cette nullité n'est pas d'ordre public et est couverte si la totalité des actions composant le capital est présente ou représentée à l'assemblée.

▶ L'assemblée générale annuelle d'approbation des comptes doit être convoquée dans les 6 mois de la clôture de l'exercice, sauf prolongation du délai par décision de justice (art. L. 225-100 C. com.).

▶ **L'assemblée est convoquée par le conseil d'administration ou le directoire.** Cependant, le conseil de surveillance, le commissaire aux comptes ou un mandataire désigné par le président du tribunal de commerce peuvent également, dans certains cas, la convoquer. La convocation par le président du Tribunal de commerce est possible à la demande de tout intéressé en cas d'urgence, à la demande d'un ou plusieurs actionnaires réunissant au moins 5 % du capital de la société en l'absence d'urgence, par un mandataire désigné en justice à la demande du comité économique et social, ou, enfin, à la demande d'une association d'actionnaires dans les sociétés cotées (art. L. 225-120 C. com.).

▶ **L'ordre du jour de l'assemblée est fixé par l'organe la convoquant.** Il arrive souvent que cet ordre du jour se termine par la mention « questions diverses » ; ces questions ne peuvent pas faire l'objet d'un vote contraignant. La seule décision pouvant ne pas figurer à l'ordre du jour est la révocation d'un ou de plusieurs membres du conseil d'administration ou de surveillance. Les actionnaires détenant au moins 5 % du capital ou une association d'actionnaires peuvent déposer des projets de résolution.

▶ **Pour les sociétés non cotées, la convocation commence par un avis de convocation publié, au moins 15 jours avant l'assemblée, dans un journal d'annonces légales.** Puis une lettre simple est adressée aux actionnaires, car les actions sont toutes nominatives puisque les titres au porteur sont interdits dans ce type de société. La société peut procéder par voie électronique.
La procédure est plus complexe pour les sociétés cotées. Un avis de réunion doit être publié au moins 35 jours avant l'assemblée, dont le contenu est fixé à l'article R. 225-73 du Code de commerce. Cet avis permettra aux actionnaires qui

remplissent les conditions de proposer des résolutions ou des points à examiner. L'avis de réunion sera publié au moins 15 jours avant l'assemblée, et des lettres simples seront envoyées nominativement aux actionnaires.

3. Les modalités du vote

▶ **L'actionnaire prend part au vote personnellement s'il se déplace à l'assemblée générale.** Il peut également donner pouvoir de représentation à un autre actionnaire, son conjoint ou son partenaire de PACS, utiliser le vote électronique ou voter par correspondance. Le mandat doit être communiqué à la société. Si le mandat ne comporte pas de nom de mandataire, le vote est en faveur des résolutions proposées par le conseil ou le directoire et contre toutes les autres (« pouvoir en blanc »).

▶ **C'est la nature des décisions à prendre qui définit la nature ordinaire ou extraordinaire de l'assemblée.** Les conditions de tenue de l'assemblée seront fonction de cette nature :

- l'AG extraordinaire a vocation à délibérer sur une modification des statuts et sur la prolongation ou la dissolution de la société (art. L. 225-96 C. com.) ;
- l'AG ordinaire délibère sur les autres sujets (art. L. 225-98 C. com.) ; l'AG annuelle d'approbation des comptes est une assemblée ordinaire.

▶ Deux règles régissent le fonctionnement des assemblées :

- La 1re règle concerne le quorum, c'est-à-dire le pourcentage du capital présent ou représenté à l'assemblée, et permet de vérifier la représentativité de l'assemblée.
  - Le quorum de l'assemblée ordinaire est de 20 % du total des actions ayant le droit de vote sur première convocation. Si ce quorum n'est pas atteint, la même assemblée fera l'objet d'une seconde convocation ; dans ce cas, l'assemblée peut délibérer, quel que soit le nombre d'actions présentes ou représentées.
  - Le quorum de l'AG extraordinaire est de 25 % du total des actions ayant le droit de vote sur première convocation et de 20 % sur seconde convocation. Si ce second quorum n'est pas atteint, l'assemblée ne peut pas délibérer et toute la procédure est à recommencer.
- La 2nde règle concerne les modalités du vote lui-même.
  - Les décisions en AG ordinaire sont prises à la majorité des voix correspondant aux actions présentes ou représentées.
  - Les décisions en AG extraordinaire sont prises à la majorité des deux tiers des voix correspondant aux actions présentes ou représentées – d'où la notion de « minorité de blocage » (art. L. 225-96 C. com.). Un actionnaire détenant plus du tiers des voix peut bloquer toute décision en AG extraordinaire.

▶ La loi n° 2019-744 du 19 juillet 2019 a modifié les modalités de décompte des votes qui sont maintenant fondées sur les votes exprimés. La loi précise que « *les voix exprimées ne comprennent pas celles attachées aux actions pour lesquelles l'actionnaire n'a pas pris part au vote, s'est abstenu ou a voté blanc ou nul* » (art. 16-1-2). Les dispositions de cette loi s'appliquent à l'assemblée statuant sur les comptes du premier exercice clos après son entrée en vigueur et aux assemblées suivantes :

- Les décisions en AG ordinaire sont prises à la majorité des votes exprimés.
- Les décisions en AG extraordinaire sont prises à la majorité des deux tiers des votes exprimés. Il en résulte que l'actionnaire qui détient plus d'un tiers des voix en AG disposera d'un minorité de blocage et pourra bloquer toute décision en AG extraordinaire mais, suite à la modification apportée par cette loi, à condition d'exprimer son vote.
- En ce qui concerne les votes par correspondance, les formulaires ne donnant aucun sens de vote ne sont plus considérés comme des votes exprimés et ne sont donc plus comptabilisés dans le calcul des majorités.

II. La société par actions simplifiée (SAS)

▶ La société anonyme a longtemps été considérée comme une société compliquée à gérer juridiquement. Son fonctionnement est très encadré par le Code de commerce et laisse peu de liberté aux actionnaires. Les acteurs de la vie économique demandaient donc une **forme plus souple de société par actions** permettant aux participants d'organiser leurs rapports comme ils l'entendaient. Le législateur a répondu à cette attente en créant, par la loi du 3 janvier 1994, la société par actions simplifiée, où **les associés fixent eux-mêmes la plus grande part des règles de fonctionnement**. Cette liberté a une conséquence que la Chambre commerciale de la Cour de cassation exprime dans un arrêt du 15 mars 2023. La violation des dispositions statutaires concernant les décisions collectives telles que prévues dans les statuts peut avoir pour conséquence la nullité de la décision si elle est de nature à influer sur le processus de décisions. Il faut noter que cela ne concerne pas les autres formes de société.

▶ Le premier avantage de cette forme sociale, par rapport à une SARL, est de bénéficier d'un **capital divisé en actions** et ainsi de permettre leur **libre négociabilité**. Le second avantage est de donner aux actionnaires une liberté très grande dans l'organisation de leurs rapports, avantage qui doit être, cependant, considéré comme une difficulté lors de la création. En effet, dans la SA, lorsqu'un problème concernant les rapports entre associés se présente, la loi et l'abondante jurisprudence donnent la réponse à la question posée ; dans la SAS, ce sont les statuts qui donneront la réponse, car le Code de commerce ne consacre que 20 articles à cette forme sociale (art. L. 227-1 à L. 227-20 C. com.), contre plus de 300 à la SA. Il faudra donc, lors de leur rédaction, envisager tous les problèmes qui peuvent se poser pour éviter un blocage ultérieur.

▶ Le succès de la SAS a été très important, et l'on compte actuellement, en France, environ 430 000 SAS, dont environ 140 000 SASU (*cf.* p. 146).

A- Constitution de la SAS

▶ Les règles de constitution de la SAS sont simplifiées par rapport à celles de la plupart des autres formes sociales - d'où son nom… **Le montant du capital social est librement fixé dans les statuts**, avec un minimum de 1 €. La SAS peut être constituée avec un capital variable à la seule condition que celui-ci soit supérieur ou égal au capital fixé dans les statuts. Elle ne peut pas offrir ses titres au public. Cependant, l'ordonnance du 30 mai 2014 sur le financement participatif envisage cette possibilité par le biais d'une plateforme de financement participatif, à condition que les statuts prévoient un droit de vote égalitaire (une action, une voix) et que les modifications statutaires soient de la compétence exclusive de l'assemblée générale extraordinaire.

▶ **Le capital est composé des apports des actionnaires.** Les apports en numéraire doivent être libérés d'au moins la moitié à la souscription, le solde étant versé dans les 5 ans. Les apports en nature font l'objet d'une vérification de leur valeur comme dans toutes les autres formes de sociétés, sous réserve de quelques exemptions de vérification décidées à l'unanimité des actionnaires. Les apports en industrie sont possibles dans cette forme sociale.

▶ **Les formalités de constitution sont les mêmes que celles de la SA.**

B- La direction et l'administration de la SAS

▶ **La seule obligation fixée par le législateur est la nomination d'un président de la SAS**, qui sera le représentant légal vis-à-vis des tiers (art. L. 227-6 C. com.). Mais, à la différence des autres formes sociales, ce président peut être une personne physique ou morale choisie parmi les actionnaires ou en dehors.

▶ **Les statuts fixent librement l'organisation de la direction de la société**, qu'il s'agisse des modes de nomination et de révocation, de la durée des mandats, de la rémunération ou des pouvoirs (art. L. 227-5 C. com.). Comme il n'existe pas de règles légales ou supplétives en la matière, il est particulièrement important de bien préciser, dans les statuts, l'ensemble des données concernant la direction de la société. Les statuts peuvent :

- prévoir l'existence d'un directeur général ou d'un directeur général délégué exerçant les mêmes pouvoirs que le président (art. L. 227-6 C. com.) ;
- prévoir l'existence d'organes collectifs participant à la direction de la société et leur donner le nom qu'ils choisissent (conseils, comités ou autres) ; ils doivent alors en déterminer les modes de nomination, de révocation et de fonctionnement, ainsi que leurs pouvoirs.

Dans un arrêt du 30 mars 2022, la Chambre commerciale de la Cour de cassation dispose que la SAS doit, lors de la révocation de son président, respecter son obligation de loyauté à l'égard de celui-ci et, en conséquence, si la révocation de celui-ci a été brutale, indemniser son préjudice que le président soit une personne physique ou morale. Elle rappelle, par ailleurs, qu'une clause de non-concurrence doit être limitée dans le temps et dans l'espace.

▶ **Les régimes de responsabilité civile et pénale des organes dirigeants de la SAS sont les mêmes** que ceux des conseils d'administration ou du directoire de la société anonyme.

▶ **Le régime des conventions réglementées est allégé par rapport à celui de la SA.** Il n'y a pas d'autorisation préalable, et le président, ou le commissaire aux comptes s'il en a désigné un, doit faire un rapport aux associés sur les conventions concernées. Les interdictions prévues dans les SA s'appliquent aussi.

C– La consultation des associés

▶ Ici encore, il n'est pas possible de dresser un tableau complet du mode de consultation des associés, car **la loi renvoie aux statuts** en ce domaine (art. L. 227-9 C. com.). Il est possible de créer des groupes d'actions ayant des pouvoirs différents, voire de réserver le vote, ou certains votes, à certaines catégories d'actions, ou de donner des droits de vote multiples à certaines actions.

▶ Les statuts déterminent les règles de majorité. Ils peuvent aussi prévoir des clauses d'inaliénabilité des actions, ainsi que des clauses d'exclusion des actionnaires. Les statuts déterminent les règles de majorité concernant ces clauses (art. 29, loi du 19 juillet 2019).

▶ La transformation d'une société en SAS (art. L. 227-3 C. com.) ou l'absorption d'une société par une SAS (Cass. com., 19 déc. 2006) doit être approuvée à l'unanimité des associés de la société transformée ou absorbée.

D – La société par actions simplifiée unipersonnelle (SASU)

▶ La loi du 12 juillet 1999 a ouvert la possibilité de créer, dès l'origine ou au cours de la vie sociale (art. L. 227-1 C. com.), une SAS à actionnaire unique : la SASU.

▶ Son fonctionnement, dans de nombreux domaines, est **encore simplifié** par rapport à celui de la SAS. Ainsi :

- L'associé unique exerce les prérogatives des associés de la SAS, et les décisions collectives sont transformées en décisions unilatérales. Elles doivent être inscrites dans un registre. Le rapport de gestion et les comptes sociaux sont arrêtés par le président et approuvés par l'associé unique. Les conventions entre la société et le dirigeant ne doivent pas faire l'objet d'une approbation préalable mais seulement être mentionnées dans le registre.
- Lorsque l'associé unique est une personne physique qui, en outre, est le président de la société, les formalités de constitution sont allégées. Le simple dépôt au greffe du Tribunal de commerce, dans les 6 mois de la clôture de l'exercice, de l'inventaire et des comptes sociaux signés vaut approbation de ceux-ci, sans que l'associé unique ait à porter au registre le récépissé délivré par le greffe.

III. La société à responsabilité limitée (SARL)

▶ **La société à responsabilité limitée a vu le jour après la Première Guerre mondiale**, lors de la restitution, par l'Allemagne, de l'Alsace-Moselle à la France. En effet, dans ces départements existaient des sociétés dont la forme, reconnue en Allemagne, ne l'était pas en France : les GmbH. Il a donc fallu adapter le droit français pour permettre à ces sociétés de poursuivre leur vie sociale – ce qui fut fait par une loi de 1925.

▶ La SARL est, actuellement, réglementée par les articles L. 223-1 et suivants du Code de commerce.

▶ La SARL a connu un grand succès, et on en compte, de nos jours, en France, plus de 1,1 million. L'évolution du droit a permis, en 1985, la création de SARL à un seul associé : les EURL, qui sont, actuellement, un peu plus de 400 000.

▶ La SARL a toujours été considérée comme étant particulièrement adaptée aux TPE/PME, car les conditions de sa constitution sont plus souples que celles de la SA. Cependant, les réformes récentes du droit des sociétés ayant assoupli la réglementation des SA, les deux formes se sont singulièrement rapprochées.

A– La constitution de la SARL

▶ **La SARL doit comporter un nombre d'associés allant de 2 à 100.** Si ce nombre est dépassé, la société dispose de 1 an pour régulariser la situation, soit en diminuant le nombre d'associés, soit en se transformant en une autre forme de société ; faute de quoi, elle sera dissoute (art. L. 223-3 C. com.). Les associés n'ont pas la qualité de commerçant.

▶ **Le montant du capital social est fixé librement dans les statuts**, avec un minimum de 1 €. Ce capital peut être constitué d'apports en numéraire, en nature ou en industrie. Le capital est divisé en parts sociales (et non pas en actions), dont le numéraire est, lui aussi, fixé librement dans les statuts. Ces parts sociales ne peuvent pas être représentées par des titres négociables (art. L. 223-12 C. com.).

▶ En ce qui concerne les apports :

- Les **apports en numéraire** doivent être libérés d'au moins un 5e lors de la souscription, le solde étant appelé par le gérant dans les 5 ans suivant l'immatriculation (art. L. 223-7 C. com.).
- La valeur des **apports en nature** doit être vérifiée par un commissaire aux apports désigné à l'unanimité des futurs associés ou, à défaut, par le président du Tribunal de commerce. Cette désignation n'est, toutefois, pas impérative sous la double condition que la valeur d'aucun apport en nature ne soit supérieure à 30 000 € et que les apports en nature ne représentent pas plus de la moitié du capital. Les associés sont solidairement responsables pendant 5 ans si aucun commissaire aux apports n'a été désigné ou si la valeur donnée aux apports en nature est supérieure à celle figurant dans le rapport.
- Les modalités concernant les **apports en industrie** doivent être fixées dans les statuts.

▶ Les conditions de forme de la constitution sont similaires à celles des sociétés par actions (*cf.* p. 143).

B– La direction de la SARL

▶ La direction de la SARL est assurée par **un ou plusieurs gérants, personnes physiques** (art. L. 223-18 C. com.). Les statuts doivent prévoir les modalités de leur nomination. Aucune limite d'âge n'est prévue. Le gérant peut être associé ou non, et le cumul des gérances n'est pas plafonné. Le premier gérant peut être désigné dans les statuts : on parlera alors de « **gérant statutaire** » ; cependant, aucune différence n'est faite ultérieurement entre un gérant statutaire et un gérant désigné par acte séparé. Dans le courant de la vie sociale, le gérant est nommé dans les conditions prévues pour les décisions ordinaires des associés.

▶ La **durée du mandat** du gérant est **fixée dans les statuts**. Si rien n'est mentionné, cette durée est celle de la société. La fin du mandat peut être causée par l'arrivée du terme prévu dans les statuts ou par le décès, la démission ou la révocation du gérant.

▶ **Le gérant est révocable** (art. L. 223-25 C. com.) :

- **dans les conditions prévues pour les décisions ordinaires** ; cependant, les statuts peuvent prévoir une majorité renforcée en dessous de laquelle il n'y a pas révocation. À la différence des administrateurs de SA, la révocation n'est pas *ad nutum*. En l'absence de justes motifs, cette révocation donnera droit à dommages et intérêts, comme une révocation brutale ou injurieuse. Les statuts peuvent prévoir une indemnisation conventionnelle, à condition que le montant prévu ne soit pas de nature à dissuader les associés de procéder à ladite révocation. Bien entendu, le principe du contradictoire doit être respecté en la matière ;
- **par décision de justice** ; tout associé peut présenter, au Tribunal de commerce, une demande de révocation pour cause légitime, laquelle est fondée sur l'intérêt social et ne requiert pas la preuve d'une faute intentionnelle.

En outre, lorsque, « *pour quelque raison que ce soit, la société se trouve dépourvue de gérant* », le commissaire aux comptes ou tout associé peut convoquer une assemblée aux fins de nommer un ou plusieurs gérants (art. 11, loi du 19 juillet 2019).

▶ **Les fonctions de gérant peuvent être gratuites ou rémunérées**, car les textes sont muets sur le sujet. La rémunération peut être fixée par les statuts ou décidée par les associés ; lors de cette décision, le gérant peut participer au vote suivant la jurisprudence de la Cour de cassation qui ne considère pas cette décision comme relevant de la procédure des conventions réglementées.

▶ **Le gérant peut cumuler un contrat de travail avec son mandat social** – ce qui lui donnera droit aux indemnités de licenciement et aux indemnités de chômage (y compris si la société fait l'objet d'une procédure collective). Pour que ce contrat de travail soit reconnu, il faut que le travail soit effectif et que les fonctions techniques relevant de ce contrat soient différentes des seules fonctions liées au mandat social. En outre, il faut que le lien de subordination afférent à tout contrat de travail puisse être prouvé. En ce sens, le gérant majoritaire ne se verra pas reconnaître le bénéfice d'un contrat de travail.

> La question du **cumul du mandat social et d'un contrat de travail** se pose souvent. En effet, un gérant révoqué ne bénéficiera pas des indemnités de chômage, sauf s'il avait un contrat de travail et qu'il ait été simultanément licencié. Très souvent, la validité de ce cumul est contestée par Pôle Emploi

afin de ne pas indemniser le gérant révoqué, au motif que le régime d'assurance-chômage n'est applicable qu'aux salariés liés à un employeur par un contrat de travail. La chambre sociale de la Cour de cassation précise *« que X à la date où il a été nommé gérant possédait la majorité des parts de la société qu'au surplus il administrait seul, ce dont il découlait qu'il avait cessé de se trouver, même dans l'exercice de ses fonctions techniques, dans un état de subordination caractérisant le contrat de travail et que celui-ci avait pris fin à cette date »* (Cass. soc., 8 oct. 1980).

▶ Aux plans fiscal et social, le gérant, majoritaire ou non, de SARL est assimilé à un salarié, comme l'est le dirigeant de SA. La Sécurité sociale le considérera comme un salarié s'il est minoritaire, et il sera soumis au régime des travailleurs indépendants s'il est majoritaire.

▶ **Le gérant est le représentant légal de la société** et, à ce titre, a tout pouvoir pour représenter la société vis-à-vis de tiers. Les dispositions statutaires limitant les pouvoirs du gérant ne sont pas opposables aux tiers (art. L. 223-18 C. com.). Dans les rapports avec les associés, les statuts peuvent contenir des dispositions limitant ces pouvoirs. En cas de pluralité de gérants, chacun dispose des mêmes pouvoirs ; les statuts peuvent organiser la répartition de ces pouvoirs, mais ces dispositions ne sont pas opposables aux tiers.

C – La consultation des associés

▶ **Les associés disposent de droits politiques** qui ont fait l'objet de réformes par les ordonnances du 4 mai et du 12 juillet 2017, ainsi que par le décret du 28 février 2018. Ces droits sont semblables à ceux reconnus aux actionnaires, qu'il s'agisse des droits permanents ou des droits préalables à la tenue d'une AG.

▶ Le droit de vote fait l'objet d'une réglementation précise. **Chaque part sociale donne droit à une voix**, et ce principe est d'ordre public. Il n'est donc pas possible de prévoir des droits de vote multiples comme dans les SA ou les SAS.

▶ Le principe de base est que **les droits de vote s'exercent au cours d'assemblées générales.** Cependant, les statuts peuvent prévoir que certaines décisions puissent être prises par consultation des associés (art. L. 223-27 C. com.). Toutefois, l'approbation des comptes annuels ne peut se faire qu'en AG. La tenue de cette dernière est également obligatoire lorsqu'un associé détenant au moins 50 % des parts ou qu'un des associés détenant 10 % du capital et représentant 10 % des associés le demande.

▶ La convocation et la tenue des assemblées sont rigoureusement réglementées, et le non-respect d'un des éléments peut conduire à la nullité de l'assemblée. L'action en nullité n'est pas recevable si tous les associés y étaient présents ou représentés.

▶ Les décisions peuvent être ordinaires ou extraordinaires. Les décisions extraordinaires sont celles modifiant les statuts ; les autres sont ordinaires :

- **Les décisions ordinaires se prennent à la majorité des parts composant le capital** sur première convocation. Si cette majorité n'est pas atteinte, une seconde convocation de la même assemblée est possible : la décision se prend alors à la majorité des parts présentes ou représentées.
- **Les décisions extraordinaires relèvent de deux modalités différentes** suivant que la société a été constituée avant le 3 août ou après le 2 août 2005. Pour les premières, la majorité requise est de trois quarts des parts sociales ; les associés peuvent, à l'unanimité, décider d'adopter les nouvelles règles. Pour les secondes, un double contrôle s'exercera : il y a d'abord contrôle du quorum, qui est du quart des parts sociales sur première convocation et du 5e sur seconde convocation ; si ce second quorum n'est pas atteint, l'assemblée peut être prorogée de 2 mois au maximum. Les décisions sont prises à la majorité des deux tiers des parts des associés présents ou représentés. Les statuts peuvent prévoir des règles de quorum ou de majorité plus élevées, sans pour autant atteindre l'unanimité.

La loi du 19 juillet 2019 (art. 12) modifie les conditions d'annulation des assemblées tenues sans respect des règles de majorité en précisant que « *les décisions prises en violation des dispositions du présent article peuvent être annulées à la demande de tout intéressé* ». La nullité ainsi affirmée est facultative et seul le juge pourra la prononcer.

D– Les conventions entre la société, ses dirigeants ou associés

▶ À la différence des SA, **les conventions passées non seulement avec ses dirigeants, mais aussi avec ses associés font l'objet d'une procédure particulière**. Elles obéissent à la même classification que dans les SA (*cf.* p. 139). Cependant, il n'y a pas d'autorisation préalable, sauf si le gérant est non associé et qu'il n'y a pas de commissaire aux comptes ; auquel cas, la convention doit être préalablement approuvée par les associés.

▶ **Les découverts, emprunts, cautions, avals et garanties consentis à un personne physique sont interdits.**

▶ Les conventions portant sur des opérations courantes conclues à des conditions normales, c'est-à-dire identiques à celles consenties à des tiers, sont libres (art. L. 223-20 C. com.). Les autres conventions doivent être approuvées en AG (art. L. 223-19 C. com.). Cette règle s'applique également aux conventions passées avec une société dont le gérant ou un associé de la SARL est indéfiniment responsable ou dirigeant.

▶ Le gérant doit informer le CAC de la convention afin que ce dernier puisse **rédiger un rapport spécial** (art. R. 223-17 C. com.) ou, s'il n'y a pas de commissaire, le rédiger lui-même. Le rapport sera soumis au vote de l'AG, l'intéressé ne prenant pas part au vote. Si la convention n'est pas approuvée, elle produit quand même ses effets et l'intéressé est pécuniairement responsable des conséquences négatives de celle-ci pour la société.

E– Les cessions de parts sociales

▶ L'agrément des cessions de parts sociales à des tiers **doit être approuvé par les associés représentant la majorité des associés et la majorité des parts** composant le capital social. Les statuts peuvent prévoir des règles de majorité plus fortes.

▶ Sauf disposition statutaire contraire, **la cession est libre entre associés et entre membres de la famille du cédant**, que ce soit entre vifs ou pour cause de mort (art. L. 223-13 C. com.).

▶ **En cas de refus d'agrément, les associés sont tenus d'acheter ou de faire acheter les parts**, dans un délai de 3 mois, aux conditions de la vente refusée, **si le cédant détient ces parts depuis au moins 2 ans** (art. L. 223-14 C. com.). Avec l'accord du cédant, la société peut racheter elle-même ces parts et, en conséquence, réduire le capital à due concurrence. Si, à l'échéance du délai, aucun rachat n'est intervenu, la cession peut être réalisée aux conditions initiales.

▶ **La cession de parts fait l'objet d'une procédure très précise :**

- elle doit être constatée par écrit (art. L. 221-14 C. com.), et cette cession est considérée comme un acte civil, sauf si elle concerne la majorité du capital, entraînant une cession de contrôle de la société ;
- elle doit être portée à la connaissance de la société soit par dépôt, à la société, d'un original de l'acte de cession, soit par signification par acte d'huissier ou acceptation de la société dans un acte authentique ;
- elle n'est opposable aux tiers que lors du dépôt, au greffe du Tribunal de commerce, des statuts modifiés ;

– elle doit être enregistrée, et cet enregistrement entraîne le paiement, par le cessionnaire, d'un droit de 3 % de la valeur de la cession.

F– L'entreprise unipersonnelle à responsabilité limitée (EURL)

▶ Cette **variante de la SARL** a été créée en 1985 pour répondre, notamment, aux besoins des TPE/PME. Son mode de fonctionnement est proche de celui de la SARL, sous réserve des adaptations dues au fait que cette société ne connaît qu'un seul associé. Elle a pour objet de tenter de limiter la responsabilité personnelle de l'associé en créant une cloison entre la société et le patrimoine de celui-ci. Toutefois, dans bien des cas, cette cloison n'est pas étanche.

▶ Avant la création de la SASU, cette forme sociale était la seule à n'avoir qu'un seul associé ; elle était donc utilisée dans les groupes de sociétés pour créer des filiales détenues à 100 %. Les complexités liées à la cession des parts sociales dans une EURL font que la SASU est beaucoup plus utilisée, désormais, dans ce cadre.

1. Constitution de l'EURL

▶ L'EURL soit résulte de la réunion, en une seule main, de toutes les parts sociales d'une SARL, soit est créée en tant que telle par une personne physique qui en est le gérant. Dans ce dernier cas, les règles de publicité sont simplifiées et le Code de commerce (art. L. 233-1 C. com.) propose un modèle de statuts types utilisables, sauf volonté contraire du créateur.

▶ L'associé unique réalise un apport soit en numéraire, soit en nature. Le capital social peut être de 1 €. En cas d'apport en nature, il doit désigner un commissaire aux apports (art. L. 223-9 C. com.) dans des conditions similaires à celles de la SARL.

2. Les décisions de l'associé unique

▶ **L'associé unique exerce les pouvoirs de l'assemblée générale** ; bien entendu, les règles de convocation et de tenue des assemblées ne sont pas applicables (art. L. 223-31 C. com.). Ses décisions sont consignées dans un registre. Le rapport de gestion, l'inventaire et les comptes annuels sont établis par l'associé unique ; cependant, si l'associé gérant est une personne physique et que la société ne dépasse pas 2 des 3 seuils suivants – total de bilan supérieur à 4 000 000 €,

CA HT supérieur à 8 000 000 €, nombre de salariés supérieurs à 50 ETP –, il est dispensé d'établir un rapport de gestion.

▶ Lorsque le gérant n'est pas l'associé unique, le premier doit communiquer les comptes au second qui doit les approuver dans les 6 mois de la clôture de l'exercice. Lorsque l'associé unique est le gérant, le simple dépôt des comptes au greffe du Tribunal de commerce, dans les 6 mois de la clôture de l'exercice, vaut approbation des comptes ; il doit, toutefois, décider, par une décision distincte, de l'affectation des résultats (art L. 232-22 C. com.). Enfin, l'associé unique reste tenu par certaines réglementations concernant les conventions réglementées : il ne peut pas emprunter à la société, sauf s'il est une personne morale ; et, s'il n'y a pas de commissaire aux comptes, il doit rédiger un rapport spécial qui sera mentionné sur le registre des délibérations (art. L. 223-19 C. com.).

Très souvent, un associé unique d'EURL tente de bénéficier d'un contrat de travail avec la société dont il est associé pour pouvoir bénéficier d'éventuelles indemnités de chômage. Question récurrente, quelle que soit la forme de société concernée, mais qui est plus épineuse en ce qui concerne l'EURL. En effet, on peut imaginer un associé unique qui ne se désigne pas comme gérant et qui, de ce fait, prétend qu'il est subordonné au gérant, la question de l'existence d'un lien de subordination étant centrale dans la définition du contrat de travail.

La chambre sociale de la Cour de cassation s'est prononcée sur cette question par un arrêt du 26 janvier 2019. En l'espèce, à l'occasion de la liquidation de la société, le liquidateur conteste la qualité de salarié de l'associé unique, ancien gérant de la société. La Cour, confirmant la solution dégagée en appel, affirme que l'associé unique d'une EURL dispose du pouvoir de révoquer le gérant – ce qui exclut tout lien de subordination de l'associé unique vis-à-vis du gérant et donc la qualité de salarié.

IV. La société européenne (SE)

▶ Pendant longtemps, les opérateurs industriels européens ont souhaité la création d'une **société dont le fonctionnement serait le même dans toute l'Union européenne**. Lors du sommet de Nice, en décembre 2000, les quinze chefs d'État et de gouvernement sont parvenus à un accord. Un règlement et une directive ont été adoptés le 8 octobre 2001. La transposition en droit français, par une loi du 26 juillet 2005, a intégré, dans le Code de commerce, les articles L. 229-1 *sqq.* et R. 229-1 *sqq.*

▶ **La SE est soumise, en outre, aux dispositions non contraires aux textes spécifiques applicables aux sociétés anonymes.** L'une des principales conséquences est d'ordre social, puisque la création d'une SE nécessite une négociation entre dirigeants et salariés concernant les modalités de participation de ceux-ci à la gestion de l'entreprise.

▶ La SE peut être créée soit par fusion de sociétés préexistantes, soit par création d'une société holding, soit par constitution d'une filiale, soit par transformation d'une SA en SE. Les sociétés prenant part à l'opération doivent être établies dans au moins deux États membres différents.

▶ La SE doit être dotée d'un capital minimum de 120 000 € lorsque les titres ne sont pas offerts au public et de 225 000 € dans le cas contraire. Dans le premier cas, les statuts peuvent contenir des dispositions restreignant la libre négociabilité des actions.

▶ La SE n'a pas connu un énorme succès, puisqu'on comptait moins de 2 000 immatriculations en 2018. En pratique, c'est une forme de société qui n'est utilisée que par des spécialistes, par des grands groupes établis dans différents États membres.

7 chapitre

Les sociétés et groupements divers

▸ Les sociétés à risque limité, en leur forme actuelle, se sont développées à partir du XIXe siècle. Mais, historiquement, les associés connaissaient une responsabilité illimitée, solidaire si la société était commerciale et conjointe si la société était civile.

▸ Dans un premier temps, il est nécessaire d'étudier les formes classiques de sociétés à risque illimité (société civile, société en nom collectif et société en commandite), qui ont connu des développements importants dès l'Ancien Droit. Mais le droit des sociétés, ainsi qu'il a déjà été souligné, est une matière très évolutive, et de nouvelles formes de sociétés sont apparues : la société de libre partenariat et la « société à mission », création de la loi PACTE (néanmoins, la société à mission peut prendre toutes les formes de sociétés). Enfin, l'évolution de l'économie a conduit à créer des groupements, tels que le GIE, ou des regroupements de sociétés que sont les groupes de sociétés. Ces groupements ont des conséquences qui peuvent être importantes en matière de risque encouru par leurs membres.

I. Les sociétés à risque illimité

A- La société civile

▸ La société civile, qui relève des articles 1845 *sqq.* du Code civil, est une **forme très utilisée**, qui est, en nombre, la plus importante après la SARL. **Son objet et ses activités ne doivent pas être de nature commerciale.** Or, comme cela concerne de nombreux secteurs d'activité économique non commerciale, telles les professions libérales, artisanales, agricoles ou immobilières, le législateur a créé des statuts particuliers de sociétés civiles, telles que les sociétés civiles de moyens, les sociétés civiles professionnelles, les sociétés civiles agricoles…

▸ La loi laisse une **grande liberté aux associés** dans la rédaction des statuts. Aucun capital minimum n'est requis. La répartition des résultats n'est pas obligatoirement égalitaire. Le droit de vote peut être attribué au nu-propriétaire ou à l'usufruitier... Cependant, un des aspects importants de la société civile réside dans le fait que **les associés répondent indéfiniment des dettes sociales** en proportion de leur part dans le capital social à la date de l'exigibilité de la dette ou au jour de la cessation de paiements (art. 1857, al. 1, C. civ.).

▸ **La société civile est dirigée par un ou plusieurs gérants** dont les actes engagent la société vis-à-vis de tiers s'ils entrent dans l'objet social ; toute clause limitant ces pouvoirs est inopposable aux tiers – ce qui implique de devoir être très précis dans la rédaction de cet objet social. Le gérant est nommé soit dans les statuts, soit par une procédure définie dans ceux-ci. Leur nombre y est également défini. Il peut s'agir de personnes physiques ou morales, choisies parmi les associés ou en dehors de ceux-ci. Sauf stipulation contraire des statuts, le gérant est révocable par une décision des associés représentant plus de la moitié des parts sociales. Cette révocation doit être fondée sur un juste motif ; faute de quoi, elle fera l'objet de dommages et intérêts. Elle peut, en outre, résulter d'une décision de justice à la demande de tout associé, notamment en cas d'impossibilité de révocation par les associés, comme dans le cas d'un gérant majoritaire.

▸ **Tout associé dispose d'un droit de retrait** – ce qui est une particularité de cette forme de société. Il peut résulter de conditions prévues dans les statuts, d'une décision unanime des autres associés ou d'une décision de justice (art. 1869 C. civ.). Les associés prennent les décisions collectives en assemblée générale dans des conditions prévues par les statuts. Si ceux-ci l'autorisent, les associés peuvent prendre des décisions par consultation écrite ou par un acte signé par tous les associés.

B– La société en nom collectif (SNC)

1. Définition et intérêt de la SNC

▸ La SNC est la forme sociale la plus ancienne, et on en compte, actuellement, environ 60 000 en France. Ses deux principales caractéristiques résident dans la **responsabilité illimitée et solidaire des associés** (ainsi, l'associé qui cède ses parts reste tenu des dettes nées avant son retrait) et dans le fait que ces derniers ont la **qualité de commerçant** (art. L. 221-1 C. com.). Du fait de cette qualité, un associé ne peut pas être lié à la société par un contrat de travail.

▶ Il en résulte que **la SNC est une société fermée** dans laquelle les associés doivent avoir une bonne connaissance de la capacité financière des autres associés. En outre, un mineur ou un majeur sous tutelle ne peut pas être associé d'une SNC, de même qu'une personne dont la profession est incompatible avec la qualité de commerçant : fonctionnaire, profession libérale, personne frappée de déchéance ou d'interdiction.

▶ Du fait de la responsabilité indéfinie et solidaire des associés protégeant les tiers, **le législateur a prévu peu de dispositions impératives**. Il en résulte une grande liberté dans la rédaction des statuts. Aucun capital minimum n'est exigé ; la libération immédiate des apports n'est pas requise et ceux-ci peuvent être en industrie.

▶ L'intérêt principal de la SNC est, souvent, trouvé dans sa **transparence fiscale** : les résultats de la société remontent dans les mains des associés – ce qui permet, éventuellement, de faire remonter des pertes ou des bénéfices. De plus, les comptes annuels n'ont pas à être déposés au greffe du Tribunal de commerce – sauf si tous les associés sont des sociétés à risque limité ou des sociétés par actions (art. L. 221-7-1 C. com.) – ; cela permet d'éviter toute publicité des comptes sociaux.

2. Direction et administration de la SNC

▶ Le Code de commerce accorde une grande liberté en ce qui concerne l'organisation de la direction de la SNC. **Tous les associés sont gérants**, sauf disposition contraire dans les statuts prévoyant un mode de désignation ou de désigner nominativement un ou plusieurs gérants dans les statuts (art. L. 221-3 C. com.).

▶ Chaque gérant engage la société pour les actes entrant dans l'objet social (art. L. 221-5 C. com.) ; les limitations statutaires des pouvoirs des gérants sont inopposables aux tiers. Dans les rapports avec les associés, chaque gérant peut faire tous les actes de gestion dans l'intérêt de la société, s'il n'y a pas de disposition statutaire contraire (art. L. 221-4 C. com.).

▶ **La révocation du gérant est complexe** (art. L. 221-12 C. com.) et doit être décidée par au moins deux associés (y compris dans les SNC à deux associés) :

- Si tous les associés sont gérants ou si un ou plusieurs gérants associés ont été désignés nominativement dans les statuts, la révocation doit être décidée à l'unanimité des autres associés. Cette révocation d'un associé-gérant entraîne la dissolution de la société, sauf si les statuts en disposent autrement ou si une décision de continuation entre les autres associés est prise simultanément à l'unanimité de

ces derniers. L'associé-gérant révoqué a alors le droit de demander le rachat de ses parts.
- Si un ou plusieurs associés sont gérants mais ne sont pas désignés nominativement dans les statuts, la décision de révocation est prise dans les conditions prévues par les statuts ou, à défaut de condition statutaire, à l'unanimité des autres associés.
- Si le gérant n'est pas associé, la décision de révocation est prise dans les conditions prévues par les statuts ou, à défaut de condition statutaire, à la majorité des associés.

Une révocation du gérant sans juste motif donne droit à **dommages et intérêts**.

> La révocation du gérant associé doit être décidée à l'unanimité des autres associés. Il en résulte que la révocation du gérant associé doit être décidée par au moins deux associés. Dans le cas d'une SNC ayant deux associés, la révocation ne peut pas être décidée par le seul autre associé (CA Paris, 12 sept. 1995).

3. La consultation des associés

▶ Les décisions qui excèdent les pouvoirs reconnus au gérant sont prises à l'unanimité des associés, sauf disposition statutaire contraire. Les statuts peuvent donc organiser la consultation des associés soit en assemblée générale, soit par consultation écrite (art. L. 221-6 C. com.) dans les formes et conditions qu'ils définissent librement.

▶ Cependant, les comptes annuels doivent être approuvés en assemblée générale et toute clause contraire dans les statuts est réputée non écrite. Cette disposition garantit qu'au moins une fois par an les associés auront la possibilité de se réunir en assemblée générale.

4. La cession des parts sociales

▶ La responsabilité illimitée et solidaire des associés d'une SNC implique un **très fort *intuitu personae***. Les associés ont le droit de savoir avec qui ils s'engagent et d'être sûrs de ne pas avoir de surprise au cours de la vie sociale.

▶ Pour cette raison, la **transmission des parts sociales est strictement réglementée**. Les parts sociales ne peuvent pas être représentées par des titres négociables. Elles ne peuvent être cédées qu'avec le consentement unanime des associés (art. L. 221-12 C. com.), et cette disposition est d'ordre public. Si le consentement n'est pas obtenu, l'associé reste prisonnier de la société.

▸ La cession des parts sociales est un acte civil et doit donc être constatée en la forme des actes civils (art. L. 221-14 C. com.). Elle n'est opposable aux tiers qu'après publication des statuts modifiés au Registre du commerce et des sociétés.

▸ La SNC est **normalement dissoute par le décès d'un des associés**, sauf clause contraire dans les statuts prévoyant la continuation de la société entre associés survivants ou avec l'héritier de l'associé décédé, sauf à prévoir dans les statuts que cet héritier soit agréé par la société (art. L. 221-15 C. com.).

C– La société en commandite

▸ Cette forme sociale comprend deux sortes d'associés : les **associés commandités** et les associés commanditaires. La différence réside dans le fait que les **associés commandités** ont le même statut que les associés d'une SNC, tandis que les associés commanditaires ne répondent des dettes sociales qu'à concurrence du montant de leurs apports (art. L. 222-1 C. com.).

▸ Il existe deux sortes de sociétés en commandite : la société en commandite simple et la société en commandite par actions. Dans la **société en commandite simple**, le capital est divisé en parts sociales qui ne sont pas librement cessibles. Dans la **société en commandite par actions**, le capital est divisé en actions qui peuvent être cotées en Bourse et qui sont donc librement cessibles et négociables.

▸ **Les statuts déterminent les modalités de prises de décision**, qu'il s'agisse des règles de majorité ou de convocation. Toutefois, la réunion des associés en assemblée regroupant tous les associés est de droit à la demande d'un associé commandité ou par les associés commanditaires représentant le quart en nombre et en capital des commanditaires.

▸ **Un associé commanditaire ne peut, en aucun cas, effectuer d'actes de gestion à l'égard des tiers**, sous peine d'être tenu des dettes résultant de l'acte prohibé. Selon l'importance et le nombre d'actes effectués par le commanditaire, celui-ci peut être tenu solidairement avec les commandités des conséquences de tous les actes passés par la société.

Si un commanditaire effectue des actes de gestion envers les tiers, seuls ceux-ci ont qualité pour mettre en cause sa responsabilité solidaire. À l'égard des autres associés, il n'est tenu que de ses apports en capital (CA Grenoble, 8 janv. 2011).

Les modifications des statuts ne peuvent être décidées qu'avec le consentement de tous les associés commandités et de la majorité en nombre et en capital des associés commanditaires. Toute clause prévoyant des conditions plus strictes est réputée non écrite.

Les parts sociales ne peuvent être cédées qu'avec le consentement de tous les associés. Toutefois, les statuts peuvent prévoir que les parts sociales des associés commanditaires seront librement cessibles entre associés ou que les parts sociales des associés commanditaires ou commandités pourront être cédées à des tiers étrangers à la société avec le consentement de tous les associés commandités et de la majorité en nombre et en capital des associés commanditaires.

II. Les nouvelles formes de sociétés

A– La société de libre partenariat (SLP)

▸ La loi Macron du 6 août 2015 a créé la société de libre partenariat (SLP). C'est une nouvelle catégorie de **fonds professionnel spécialisé**. Ce nouveau véhicule d'investissement prend la forme d'une **société en commandite simple**. Les parts des commanditaires sont réservées aux investisseurs éligibles à l'article 423-27-1 du règlement général de l'AMF.

▸ La SLP a pour objectifs d'**attirer de grands investisseurs** français et étrangers et de permettre une flexibilité de gestion, à l'image des *limited partnerships*, tout en apportant une sécurité juridique aux gestionnaires et aux investisseurs.

▸ Comme pour un fonds d'investissement professionnel spécialisé ou une société d'investissement professionnelle spécialisée, **la SLP ne fait pas l'objet d'un agrément, mais elle doit être déclarée auprès de l'AMF** au plus tard 1 mois après sa constitution. L'accès à la qualité de commandité est libre sous réserve des limites formulées dans les statuts. Il n'en va pas de même de l'accès à la qualité de commanditaire. La loi a limitativement énuméré trois catégories de personnes qui peuvent être commanditaires d'une SLP : les investisseurs professionnels, les personnes physiques ou morales en relation avec la société, et les investisseurs dont la souscription initiale est d'au moins 100 000 €. La société peut être à capital fixe ou variable. Pour le reste, le régime des apports est surtout caractérisé par un système efficace de sanctions en cas de non-libération dans les délais des apports en numéraire. Mais, surtout, un droit à la confidentialité est reconnu aux investisseurs car il n'y a pas de transparence nécessaire quant au montant des apports des associés et à la qualité de ces derniers.

▶ **Le gouvernement de la SLP présente plusieurs caractéristiques intéressantes.** Un ou plusieurs gérants choisis ou non parmi les associés sont désignés dans les conditions prévues par les statuts. Il leur appartiendra de gérer les investissements réalisés par la SLP. Cette fonction peut, toutefois, être dévolue à une société de gestion qui ne deviendra pas, pour autant, gérante. La gérance peut être confiée à un commanditaire, contrairement aux règles des sociétés en commandite, sans que celui-ci risque de devoir assumer indéfiniment et solidairement le passif social. La loi fixe une liste d'actes qui ne pourront pas lui être reprochés. S'agissant des décisions collectives, elles sont prises dans les conditions prévues dans les statuts – ce qui laisse une très grande liberté aux associés, limitée toutefois pour quelques décisions très sensibles. La liberté statutaire permet d'accorder des droits de vote multiples, et il est possible de prévoir des droits de vote différenciés selon la catégorie de parts et d'organiser ainsi librement la gouvernance et les interactions entre commanditaires de catégories différentes.

▶ Il s'agit d'une **forme de société qui est totalement réservée à des spécialistes** de la gestion de fonds et de la gestion des sociétés.

B– La société à mission

La loi PACTE a introduit, dans le Code de commerce, l'**article L. 210-10** qui crée la « société à mission ». Quelques entreprises ont déjà fait savoir qu'elles adopteraient ce statut.

1. Les conditions

▶ **Une raison d'être.** Pour qu'une société puisse faire état de sa qualité de société à mission, il faut, tout d'abord, que ses statuts précisent sa « raison d'être » telle que cette notion a été créée par la loi PACTE au sens de l'article 1835 du Code civil.

▶ **Une mission.** Les statuts de la société doivent préciser également un ou plusieurs objectifs sociaux et environnementaux que la société se donne pour mission de poursuivre dans le cadre de son activité.

> Quelle est la différence entre mission et raison d'être ? En pratique, les deux sont, d'ores et déjà, confondues. Certaines sociétés débutent ainsi l'exposé de leur raison d'être : « Notre mission… » En pratique, la mission peut correspondre, mot pour mot, à la raison d'être. Il se peut également que la mission soit plus restreinte, voire plus précise et concrète, que la

raison d'être. Il ne faut pas oublier, en effet, qu'au sens de la loi la raison d'être recoupe des « *principes* » là où la mission correspond à « *un ou plusieurs objectifs sociaux et environnementaux* ».

▶ **Un contrôle interne par un « comité de mission ».** Il est, ensuite, prévu que les statuts doivent préciser les modalités de suivi de cette mission, notamment en créant un comité de mission, distinct des organes sociaux, devant comporter au moins un salarié. Ce comité présente, à l'AG annuelle d'approbation des comptes, un rapport, joint au rapport de gestion. Si la société emploie moins de 50 salariés, il est possible de prévoir, dans les statuts, qu'un « référent de mission », qui peut être un salarié de la société, se substitue à ce comité.

▶ **Un contrôle externe par un organisme tiers indépendant.** L'exécution des objectifs sociaux et environnementaux constitutifs de la mission fait l'objet d'une vérification par un organisme tiers indépendant, selon des modalités et une publicité qui seront définies par décret en Conseil d'État. Cette vérification donnera lieu à un avis joint au rapport de gestion précité.

▶ **Une déclaration au RCS.** La société déclare sa qualité de société à mission au greffier du Tribunal de commerce, qui la publie, sous réserve de la conformité de ses statuts aux trois premières conditions, au Registre du commerce et des sociétés, dans des conditions précisées par décret en Conseil d'État.

2. La sortie du statut de société à mission

▶ **Sortie choisie.** Puisque le bénéfice du statut de société à mission résulte de l'adoption d'une mission, rien n'interdit, évidemment, à la société d'amender cette mission, selon les conditions nécessaires à la modification de ses statuts, voire d'abandonner purement et simplement ladite mission. Selon le type de société, les modalités de modification ou d'abandon de la mission pourraient être renforcées. On imagine, ainsi, aisément que, dans une SAS, la suppression ou la modification de la raison d'être et de la mission pourraient requérir un accord unanime des associés, pour peu que les statuts l'imposent. La technique pourrait aboutir à sanctuariser la mission en évitant qu'un tiers n'en détourne la société.

▶ **Sortie subie.** L'article L. 210-11 nouveau du Code de commerce dispose que, lorsque l'une des conditions mentionnées à l'article L. 210-10 n'est pas respectée, ou lorsque l'avis de l'organisme tiers indépendant conclut qu'un ou plusieurs des objectifs sociaux et environnementaux que la société s'est assignés en application de l'alinéa 2 du même article L. 210-10 ne sont pas respectés, le Ministère public ou toute personne intéressée peut **saisir le président du tribunal statuant en**

référé aux fins d'enjoindre, le cas échéant sous astreinte, au représentant légal de la société de supprimer la mention « société à mission » de tous les documents émis par la société.

III. Les différents groupements

A– Le groupement d'intérêt économique

▶ Le GIE a été conçu, en droit français, comme une **structure de collaboration entre entreprises**, où chaque membre conserve son indépendance juridique. La question de savoir si le GIE est ou non une société reste largement débattue. Parallèlement, il existe un Groupement européen d'intérêt économique (**GEIE**), dont les règles de fonctionnement sont très proches de celles du GIE de droit français (art. L. 252-1 *sqq.* C. com.).

▶ La vocation d'un GIE est de faciliter le développement de l'activité économique de ses membres et de permettre à ceux-ci de **réaliser des économies**. Il ne s'agit donc pas, en soi, de réaliser des bénéfices ; cependant, s'il y en a, le GIE peut soit les distribuer à ses membres, soit les mettre en réserve (art. L. 251-1 C. com.).

▶ **Le GIE acquiert la personnalité morale à compter de son inscription au Registre du commerce et des sociétés**, mais cette inscription n'entraîne pas de présomption de commercialité. Son caractère civil ou commercial sera défini en fonction de son activité réelle (art. L. 251-4 C. com.).

▶ **Le GIE peut être constitué sans capital.** Ses membres sont tenus des dettes sociales et sont solidaires, sauf convention précise contraire avec le cocontractant. Les nouveaux membres d'un GIE sont tenus des dettes antérieures, sauf mention contraire dans le contrat de groupement et à condition que la clause d'exonération soit publiée.

▶ Le contrat de groupement détermine les modalités de prises de décision. Il peut attribuer, à certains membres, des nombres de voix différents ; sinon chaque membre a une voix. **Sauf mention précise dans le contrat de groupement, les décisions sont prises à l'unanimité des membres.** Dans les rapports avec les tiers, un administrateur engage le groupement s'il agit dans le cadre de l'objet de celui-ci.

B– Le groupe de sociétés

1. Qu'est-ce que c'est ?

▶ Une grande part de l'activité économique est, à l'heure actuelle, réalisée dans le cadre de groupes de sociétés. Or la loi de 1966 sur les sociétés commerciales, qui est le fondement du droit actuel des sociétés, ne reconnaissait pas cette notion.

▶ Toutefois, certaines branches du droit la reconnaissent, tel le droit de l'Union européenne qui définit la notion d'« entreprise » comme étant une entité économique indépendante sur le marché, quelle que soit sa forme. Ainsi peut-on définir la notion de « groupe de sociétés ». Il résulte de cette définition que le droit de la concurrence, notamment, ne s'applique pas à l'intérieur d'un groupe.

▶ On peut donc définir un groupe de sociétés comme étant **composé d'une société mère et d'un ensemble de sociétés filiales contrôlées directement ou indirectement par la société mère**, qui est aussi appelée « société tête de groupe ».

▶ Dans le Code de commerce (art. L. 233-3), plusieurs éléments permettent de définir la notion de « contrôle » :
- la détention de la majorité des droits de vote en assemblée générale de la société contrôlée, que ce soit seul ou en vertu d'un accord conclu avec d'autres associés ;
- le fait de déterminer, en réalité, en tenant compte de la répartition des droits de vote, les décisions en AG ;
- la capacité de nommer ou de révoquer la majorité des organes dirigeants, de surveillance ou d'administration de la société contrôlée.

La société mère est présumée disposer de ce contrôle lorsqu'elle détient plus de 40 % des droits de vote et qu'aucun autre associé ne dispose directement ou indirectement d'une fraction supérieure.

▶ **Le groupe n'a pas, en tant que tel, de personnalité juridique ; seules les sociétés qui le composent en disposent.** Cependant, dans certains cas, la responsabilité de la société mère pourra être recherchée du fait des actions menées par les sociétés qu'elle contrôle.

2. Opérations de groupes

→ Notifications et informations

▶ Si une société acquiert, au cours d'un exercice, une participation de plus de 5 %, de 10 %, d'un tiers ou de 50 % dans le capital d'une société ayant son siège en France ou s'assure le contrôle d'une société, mention doit en être faite dans le rapport à l'assemblée générale annuelle et, le cas échéant, dans le rapport du commissaire aux comptes ou dans celui sur les comptes consolidés (art. L. 233-6 C. com.). En outre, dans ce rapport annuel, il doit être fait mention des activités et des résultats des filiales de la société et des sociétés qu'elle contrôle par branches d'activités.

▶ Si une société est contrôlée, directement ou indirectement, par une ou plusieurs sociétés par actions et détient des participations dans le capital de celles-ci, elle doit en notifier, à chacune d'elles, le montant (art. L. 233-12 C. com.). Une société par actions ne peut pas détenir des actions d'une société qui, elle-même, détiendrait plus de 10 % du capital de cette société. **Cette interdiction des participations croisées** a, principalement, pour objet de garantir la réalité du capital des sociétés qui est le gage des tiers.

▶ De la même façon, **l'autocontrôle** est réglementé. Il **consiste, pour une société, à faire détenir une part de son capital par une société dont elle détient, directement ou indirectement, le contrôle**. La conséquence en est que les actions d'autocontrôle sont privées de droit de vote et ne sont pas comptées dans le quorum (art. L. 233-31 C. com.).

➔ Opérations intragroupes

Le Code monétaire et financier interdit les prêts par des sociétés qui ne sont pas des établissements de crédit. Par dérogation à ce monopole, **des opérations de trésorerie peuvent être menées entre sociétés d'un même groupe**, c'est-à-dire des sociétés ayant entre elles, directement ou indirectement, des liens en capital conférant à l'une d'entre elles un pouvoir effectif de contrôle sur les autres (art. L. 511-7, al. 1). En outre, l'interdiction faite, aux administrateurs de SA, aux membres de conseil de surveillance, aux présidents et dirigeants de SAS, aux gérants et associés de SARL, d'emprunter auprès de la société, de se faire consentir des découverts ou de se faire cautionner par la société ne s'applique pas lorsque ces dirigeants sont des personnes morales (art. L. 225-43, al. 1, C. com.). Bien entendu, ces conventions devront respecter la procédure des conventions réglementées.

➔ Comptes consolidés

Les sociétés commerciales doivent établir et publier des **comptes consolidés annuels** et un **rapport de gestion du groupe** dès lors qu'elles contrôlent, de manière exclusive ou conjointe, une ou plusieurs autres sociétés (art. L. 233-16 C. com.).

3. Conséquences pour les salariés

▶ La constitution d'un groupe a des conséquences pour les salariés, car le Code du travail reconnaît, dans certains cas, des conséquences juridiques à l'existence d'un groupe formé par une entreprise dominante et les sociétés qu'elle contrôle au sens des articles L. 233-1 et L. 233-3 du Code de commerce. La constitution d'un **comité de groupe** sera, dans ce cas, obligatoire. En outre, un licenciement pour motif économique ne pourra intervenir qu'après étude des possibilités de reclassement intragroupe.

▶ La jurisprudence a également élaboré le concept de « co-emploi » dans le cas de confusion d'intérêts, d'activités et de direction se manifestant par l'immixtion de la société mère dans les activités quotidiennes de la filiale.

4. Procédures collectives

▶ La législation sur les procédures collectives utilise, parfois, la notion de « groupe » pour protéger les intérêts des tiers. C'est ainsi que la société mère peut être, suivant les circonstances, qualifiée de « dirigeant de droit ou de fait » d'une filiale, et, à ce titre, condamnée à supporter tout ou partie de l'insuffisance d'actif, si son intervention peut être qualifiée de « faute de gestion » ayant contribué à cette insuffisance d'actif.

▶ En outre, une procédure collective peut être étendue à plusieurs sociétés d'un groupe si l'on peut constater une confusion de patrimoine ou qualifier l'une des sociétés concernées de « fictive » (art. L. 621-2 C. com.).

Conseils bibliographiques

TRAITÉS ET MANUELS

Cozian (M.), **Viandier** (A.) et **Deboissy** (F.), *Droit des sociétés*, LexisNexis, 33e éd., 2020.

Didier (P.) et **Didier** (Ph.), *Droit commercial* (t. 2), *Droit des sociétés commerciales*, Economica, 2011.

Dondero (B.), *Droit des sociétés*, coll. « HyperCours », Dalloz, 7e éd., 2021.

Duquesne (F.), *Droit des sociétés commerciales*, Larcier, 7e éd., 2020.

Germain (M.), **Magnier** (V.), *Traité de droit des affaires – Les sociétés commerciales : sociétés de personnes, SARL, SA, SAS, Sociétés cotées* (t. 2), LGDJ, 22e éd., 2017.

Gibirila (D.), *Droit des sociétés*, coll. « Universités », Ellipses, 6e éd., 2020.

Le Cannu (P.), **Dondero** (B.), *Droit des sociétés*, coll. « Précis Domat », Montchrestien, 8e éd., 2019.

Magnier (V.), *Droit des sociétés*, coll. « Cours », Dalloz, 9e éd., 2019.

Mercadal (B.), **Couret** (A.), **Charvériat** (A.) et *alii*, *Mémento Lefebvre – Sociétés commerciales*, réédition annuelle.

Merle (Ph.), avec la collaboration de **Fauchon** (A.), *Droit commercial. Sociétés commerciales*, coll. « Précis Dalloz », Dalloz, 24e éd., 2020.

Mestre (J.) et **Velardocchio** (D.), *Le Lamy – Sociétés commerciales*, réédition annuelle.

Monsèrié-Bon (M.-H.) et **Grosclaude** (L.), *Droit des sociétés et des groupements*, coll. « Cours », Montchrestien, 3e éd., 2016.

Moulin (J.-M.), *Droit des sociétés*, coll. « Mémentos LMD », Gualino, 14e éd., 2020.

Petit (B.), *Droit des sociétés*, coll. « Objectif droit », LexisNexis, 6e éd., 2015.

ENCYCLOPÉDIES

Dictionnaire permanent droit des affaires, Éditions législatives et administratives.

Juri-dictionnaire Joly Sociétés, Joly Éditions.

JurisClasseur Sociétés, sous la direction de **Terré** (F.) et **Germain** (M.), LexiNexis.

Répertoire Dalloz Sociétés, sous la direction de **Magnier** (V.), Dalloz.

CODES

Code de commerce, édition annuelle, Dalloz.

Code de commerce, édition annuelle, LexisNexis.

Code des sociétés et des marchés financiers, édition annuelle, Dalloz.

Code des sociétés et autres groupements, édition annuelle, LexisNexis.

REVUES

Bulletin Joly – Sociétés, mensuel, Joly Éditions.

Droit des sociétés, mensuel, LexisNexis.

Recueil Dalloz, sommaires commentés par **Hallouin** (J.-Cl.).

Revue de jurisprudence commerciale. Revue des sociétés, mensuelle, Dalloz.

Revue trimestrielle de droit commercial et de droit économique, trimestrielle, Dalloz.

Semaine juridique : édition Entreprise et Affaires, chronique de **Deboissy** (Fl.) et **Wicker** (G.).

Index alphabétique

Achevé d'imprimer en Août 2023 en France par DupliPrint (95)
Dépôt légal : Août 2023 - Édition 01 - N° d'impression : 2023070913 - **26/2113/0**